D1717390

MIX
Papier aus verantwortungsvollen Quellen
Paper from responsible sources
FSC® C105338

Alexandra Borovikov

Die Bilanzierung von Verpflichtungen aus betrieblicher Altersversorgung

Eine kritische Analyse

Bachelor + Master
Publishing

Borovikov, Alexandra: Die Bilanzierung von Verpflichtungen aus betrieblicher Altersversorgung: Eine kritische Analyse, Hamburg, Diplomica Verlag GmbH 2013
Originaltitel der Abschlussarbeit: Die Bilanzierung von Verpflichtungen aus betrieblicher Altersversorgung - eine kritische Analyse

ISBN: 978-3-95549-000-3
Druck: Bachelor + Master Publishing, ein Imprint der Diplomica® Verlag GmbH, Hamburg, 2013
Zugl. Johann Wolfgang Goethe-Universität Frankfurt am Main, Frankfurt am Main, Deutschland, Bachelorarbeit, Juni 2011

Bibliografische Information der Deutschen Nationalbibliothek:
Die Deutsche Nationalbibliothek verzeichnet diese Publikation in der Deutschen Nationalbibliografie; detaillierte bibliografische Daten sind im Internet über http://dnb.d-nb.de abrufbar.

Die digitale Ausgabe (eBook-Ausgabe) dieses Titels trägt die ISBN 978-3-95549-500-8 und kann über den Handel oder den Verlag bezogen werden.

Inhaltsverzeichnis

Abbildungsverzeichnis

Tabellenverzeichnis

Abkürzungsverzeichnis

Abs.	Absatz
Abschn.	Abschnitt
ABV	Anwartschaftsbarwertverfahren
Art.	Artikel
Aufl.	Auflage
bAV	betriebliche Altersversorgung
BB	Betriebs-Berater (Zeitschrift)
BFH	Bundesfinanzhof
BFuP	Betriebswirtschaftliche Forschung und Praxis (Zeitschrift)
BGBl.	Bundesgesetzblatt
BilMoG	Bilanzrechtsmodernisierungsgesetz
BiRiLiG	Bilanzrichtliniengesetz
bspw.	beispielsweise
BStBl.	Bundessteuerblatt
BT	Bundestags
BVerfG	Bundesverfassungsgericht
BVerfGE	Entscheidungssammlung des Bundesverfassungsgerichts
bzw.	beziehungsweise
d.h.	das heißt
DB	Der Betrieb (Zeitschrift)
gem.	gemäß
GoB	Grundsätze ordnungsmäßiger Buchführung
HFA	Hauptfachausschuss
HGB	Handelsgesetzbuch
Hrsg.	Herausgeber
IAS	International Accounting Standard(s)
IDW	Institut der Wirtschaftsprüfer in Deutschland e.V.
IRZ	Zeitschrift für Internationale Rechnungslegung
Jg.	Jahrgang
KoR	Zeitschrift für internationale und kapitalmarktorientierte Rechnungslegung
Nr.	Nummer
PiR	Praxis der internationalen Rechnungslegung
PuC	Projected Unit Credit
Rn.	Randnummer
Rz.	Randziffer
S.	Seite/n
sog.	so genannte/r
StuB	Steuern und Bilanzen (Zeitschrift)
StuW	Steuer und Wirtschaft (Zeitschrift)
Tz.	Textziffer
u.a.	und andere
u.Ä.	und Ähnliches
Vgl.	Vergleiche
WPg	Die Wirtschaftsprüfung (Zeitschrift)
z.B.	zum Beispiel

I. Problemstellung

Die meisten Menschen versuchen sich ihr Leben als Rentner vorzustellen. Die einen möchten endlich reisen, die anderen einem längst vergessenen Hobby nachgehen. Jeder hat unterschiedliche Pläne, nur möchte sich niemand vorstellen als Rentner nur mit knappen Ressourcen auskommen zu müssen. Dabei ist das Thema der Altersvorsorge so aktuell wie nie. Es scheint eindeutig, dass die Mittel der gesetzlichen Rentenversicherung mit der Zeit immer beschränkter werden und sehr bald nur noch für ein Existenzminimum ausreichen. Deshalb ist es wichtig frühzeitig über eine zusätzliche Altersvorsorge nachzudenken. Neben der gesetzlichen Rentenversicherung basiert das deutsche Alterssicherungssystem auf zwei weiteren Säulen, nämlich der betrieblichen und der privaten Altersvorsorge.[1] Beide sind freiwillig und bitten eine Möglichkeit der zusätzlichen Absicherung der späteren Pensionszahlungen. Gegenstand dieser Arbeit soll die betriebliche Altersversorgung sein, wobei die Seite des pensionsgewährenden Arbeitgebers betrachtet wird.

Ein Arbeitgeber, der eine Rentenzusage im Rahmen der betrieblichen Altersversorgung erteilt, muss sich mit der Frage der richtigen Bilanzierung von Pensionsverpflichtungen beschäftigen. Denn das Gewicht des Postens der Pensionsrückstellungen in der Bilanz sollte nicht unterschätzt werden. Bei vielen mittelständischen Unternehmen, aber vor allem bei Kapitalgesellschaften stellt dieser Posten sogar am Betrag gemessen die größte Fremdkapitalposition dar. So haben die Pensionsrückstellungen von der BMW AG im Jahre 2009 rund 18 Prozent der Bilanzsumme ausgemacht, bei vielen anderen Unternehmen sieht es ähnlich aus.[2] Dabei müssen sowohl beim Ansatz, wie auch bei der Bewertung von Pensionsverpflichtungen zahlreiche Faktoren beachtet werden. Indes wird die Bilanzierung von den Entscheidungen, die bereits vor der Erteilung der Rentenzusage, getroffen werden müssen, beeinflusst. Zu solchen zählen bspw. die Wahl des Durchführungsweges für die Abwicklung der Pensionsverpflichtung, aber auch die Wahl eines Bewertungsverfahrens. Um eine Pensionsrückstellung zu passivieren, müssen zusätzlich zu den gesetzlichen Regelungen auch die Grundsätze ordnungsmäßiger Buchführung (GoB) vom Kaufmann bedacht werden und für die Bilanzierung der Sache und der Höhe nach hinzugezogen werden. Diese liefern

[1] Vgl. Doetsch u.a. (2010), S.9.
[2] Zur ausführlichen Darstellung siehe Tabelle 7 im Anhang.

vor allem auf die Frage des Passivierungszeitpunktes aber auch auf andere kritische Fragen eine eindeutige Antwort. Des Weiteren gilt es auch die biometrischen Parameter bei der Bewertung mit einzubeziehen. Wobei die Tatsache, dass die Pensionsverpflichtungen abgezinst werden sollen nicht unbestritten ist. Allerdings stellt die Wahl eines sachgerechten Zinssatzes seit der Einführung des Bilanzrechtsmodernisierungsgesetzes (BilMoG) keine Diskussion mehr dar. Denn dieser wird nun von der Deutschen Bundesbank monatlich ermittelt und veröffentlicht. Im Rahmen des im Mai 2009 erlassenen BilMoG sollte eine moderate Annäherung an die internationalen Rechnungslegungsstandards erfolgen, wofür unter anderem eine Reihe von Wahlrechten, wie die Wahl des Zinssatzes zur Diskontierung von Pensionsverpflichtungen, abgeschaffen wurden.[3] Dies sollte eine Einschränkung von Ermessensspielräumen bewirken. Außerdem wurde die Möglichkeit zur Saldierung von Pensionsrückstellungen mit dem Deckungsvermögen unter Erfüllung bestimmter Bedingungen geschaffen, was den IAS-Vorschriften auch ein Schritt näher kommt. Diese Möglichkeit wird, aber nicht im Rahmen dieser Arbeit geschildert. Ein weiteres Problem ergibt sich aus der vorgeschriebenen Beachtung von Renten- und Gehaltstrends, denn diese sollen bei der Ermittlung des Erfüllungsbetrags einer Pensionsverpflichtung helfen, unklar ist aber ob dies nicht den GoB widerspricht.

Im Rahmen dieser Arbeit sollen zunächst die handelsrechtlichen Grundlagen vorgestellt werden (Kap. II) um dann den Ansatz und die Bewertung von Pensionsverpflichtungen (Kap. III) auf dieser Basis beurteilen zu können. Dafür wird zuerst der Begriff der Pensionsverpflichtung erläutert und ihr Verbindlichkeitscharakter begründet. Einen der Kernpunkte bildet die Betrachtung der Bewertungsverfahren für unmittelbare Pensionszusagen. Diese werden anhand eines vereinfachten Beispiels erklärt und die dabei entstandenen Unterschiede, wie auch die anderen angesprochen Problempunkte in der Kritischen Würdigung diskutiert. Anschließend werden die Ergebnisse der nachfolgenden Analyse thesenförmig zusammengefasst (Kap IV).

---

[3] Vgl. BT Drucksache 16/10067, S.1.

II. Bilanz im Rechtssinne

II.A. Sinn und Zweck des Jahresabschlusses

Jeder Kaufmann ist gemäß § 242 Abs.1 HGB verpflichtet „zu Beginn seines Handelsgewerbes und für den Schluss eines jeden Geschäftsjahres“ einen Jahresabschluss aufzustellen. Dabei bildet die handelsrechtliche Bilanz neben der Gewinn- und Verlustrechnung (dem Gesetz weiter folgend § 242 Abs.3) einen Teil des Jahresabschlusses und fällt unter den Begriff der „Bilanz im Rechtssinne“[4]. Die Bilanz im Rechtssinne soll die nach gesetzlichen Normen aufzustellenden Bilanzen, die Handelsbilanz (handelsrechtliche Bilanz) und die Steuerbilanz (einkommenssteuerrechtliche Bilanz),[5] von der sogenannten internen Bilanz, die aus rein betriebswirtschaftlichen Zwecken aufgestellt wird, abgrenzen.[6] Die rein betriebswirtschaftliche Bilanz wird vom Kaufmann für seine eigenen Zwecke aufgestellt und unterliegt damit der „Bilanzfreiheit“[7], was aber nicht zu einer willkürliche Bilanzaufstellung führen sollte, sondern dem Kaufmann eine freie Wahl der Bilanzaufgabe überlässt.[8] Die Bilanz im Rechtssinne soll dagegen einer Vielzahl von Adressaten dienen[9] und bindet den Kaufmann bei der Erstellung an die Einhaltung gesetzlicher und gesellschaftsvertraglicher Normen.[10] Die Bilanzen im Rechtssinne und speziell die Handelsbilanz sollen der Unternehmensleitung, den aktuellen Kreditgebern sowie potentiellen Unternehmenseignern, aber auch Arbeitgebern und insbesondere Gläubigern und anderen Adressaten zur Informationsgewinnung dienen.[11] Der breite Adressatenkreis der Handelsbilanz hat konsequenterweise ein breites Spektrum an Aufgaben und Anforderungen, die es in einem Abschluss zu erfüllen gilt[12], zur Folge. Denn das Gesetz schreibt eindeutig die Erstellung einer Handelsbilanz vor und nicht mehrerer jeweils einer Aufgabe entsprechenden Bilanzen nebeneinander.[13]

So soll die Handelsbilanz verschiedene Aufgaben, wie etwa Ausschüttungsbemessung und Informationsgewinnung über die Lage des Unternehmens, erfüllen, welche bei isolierter Betrachtung „zu sehr unterschiedlichen Bilanzinhalten

---

[4] Moxter (1984), S.149.
[5] Vgl. Moxter (1984), S.156, vgl. auch Beisse (1984), S.4.
[6] Vgl. Moxter (1984), S.149.
[7] Moxter (1984), S.149.
[8] Vgl. Moxter (1984), S.149.
[9] Vgl. Hommel (1992), S.6.
[10] Vgl. Moxter (1984), S.149.
[11] Vgl. Hommel (1992), S.6.
[12] Vgl. Moxter (1984), S.156; vgl. auch Hommel (1992), S.6-7.
[13] Vgl. Moxter (1984), S.156.

führen"[14]. So würde die Handelsbilanz regelmäßig in Konfliktsituationen geraten, wenn sie allen Zwecken gleichzeitig gerecht werden sollte. Damit wird deutlich, dass „ein gleichberechtigtes Nebeneinander dieses Aufgabenkonglomerats"[15] nicht möglich ist und, dass eine Rangordnung unter den verschiedenen Bilanzaufgaben vom Gesetz gewollt sein soll.[16] Die moderne (oder Ausschüttungs-) Statik sieht den Primärzweck der Handelsbilanz in der vorsichtigen Ermittlung eines „verteilungsfähigen und ausschüttbaren Gewinn[s]"[17].[18] Damit werden aber Aufgaben, die nicht zur Ermittlung eines unbedenklich ausschüttbaren Gewinns führen, zurückgedrängt.[19] Dies soll aber nicht heißen, dass diese völlig vernachlässigt werden sollten.[20] Die Vermittlung eines „den tatsächlichen Verhältnissen entsprechend[en] Bild[es]" (§264 Abs.2 Satz 1 HGB) der Unternehmenslage soll, der Abkopplungsthese nach Moxter folgend, innerhalb des Lageberichts und insbesondere innerhalb des Anhangs geschehen,[21] somit sollen die Informationsverzerrungen, die beim Herausstellen der Ermittlung „einer durch das Vorsichtsprinzip geprägten Ausschüttungsgröße"[22] als primäre Bilanzaufgabe, entstehen, durch erläuternde Informationen im Anhang wieder behoben werden.[23] Die Forderung der Generalklausel nach der Vermittlung des True and Fair View ist auf Kapitalgesellschaften beschränkt[24] und soll also von der Bilanz abgekoppelt und in den Anhang verlagert werden.[25]

II.B. System der Grundsätze ordnungsmäßiger Buchführung

Das Handelsgesetzbuch gibt dem Kaufmann wesentliche Normen und Richtlinien zur Aufstellung eines Jahresabschlusses und wird als die bedeutendste Grundlage für die deutsche Rechnungslegung angesehen.[26] Im § 243 Abs. 1 HGB ist die Generalnorm festgehalten, die die Aufstellung des Jahresabschlusses an die

---

[14] Moxter (1984), S.156.
[15] Hommel (1992), S.7.
[16] Vgl. Moxter (1984), S.156.
[17] Beisse (1984), S.4; vgl. auch Berndt (1998), S.40.
[18] Moxter (1984a), S.1783; vgl. auch Moxter (1989); S.236; Hommel (1992), S.13.
[19] Vgl. Moxter (1984), S.158.
[20] Vgl. Moxter (1984), S.158.
[21] Vgl. Hommel (1992), S.18; vgl. auch Planert (2006), S.16; Moxter (1984), S.158, Beisse (1999), S.2182.
[22] Hommel (1992), S.18.
[23] Vgl. Hommel (1992), S.18; vgl. auch Euler (1997), S.175; Planert (2006), S.16; Binger (2009), S.9; Euler (1989) S.55; Moxter (1995), S.426-427.
[24] Vgl. Beisse (1988) S.30.
[25] Vgl. Beisse (1988) S.33; vgl. auch Beisse (1996) S.37-38; Moxter (1995), S.426-427.
[26] Vgl. Binger (2009), S.15.

Grundsätze ordnungsmäßiger Buchführung (im Weiteren: GoB) bindet.[27] Die handelsrechtlichen GoB sollen demnach eine Beurteilung von Tatbeständen ermöglichen, Bilanzierung welcher nicht durch gesetzliche Einzelvorschriften eindeutig geregelt ist.[28] Der Generalverweis auf die GoB führt folglich dazu, dass „das Handelsbilanzrecht „lückenlos“[29] ist.[30] Somit gelten die GoB als die Regeln, die der Kaufmann anzuwenden hat, „um zu einer dem gesetzlichen Zweck entsprechenden Bilanz zu gelangen“[31]. Dabei bilden die GoB ein „offenes System“[32] von Fundamentalprinzipien, Folgeprinzipien und Einzelnormen.[33] Einzelne Normen dieses Systems sind im Gegensatz zu einem geschlossenen System offen für notwendige Anpassungen, welche aufgrund einer veränderten Gesetzgebung oder Rechtsprechung oder auch aufgrund neuer Erkenntnisse notwendig sein können.[34] Diese Offenheit des Systems wird vom Gesetzgeber durch das Benutzen der Begriffe „Grundsatz“ oder „Prinzip“ erreicht, denn durch diese werden allgemeine Regeln zur Ausgestaltung der Rechnungslegung gegeben.[35] Deshalb handelt es sich bei den handelsrechtlichen GoB nach wie vor um einen unbestimmten Rechtsbegriff.[36] Diese wurden im Rahmen des Bilanzrichtliniengesetzes (BiRiLiG) bereits 1985 teilweise in das Gesetz aufgenommen d.h. kodifiziert[37], bedürfen aber trotzdem einer Auslegung und Konkretisierung für den Einzelfall.[38]

Die heutige Sichtweise auf das System der GoB hat sich im Laufe der Zeit aus vielerlei Veränderungen und neuen Theorien ergeben. In der Zeit der Einführung des HGB im Jahre 1897 erfolgte die Ermittlung einzelner Grundsätze induktiv, die Prinzipien entstanden somit aus der tatsächlichen Kaufmannsübung.[39] Allerdings wird im späteren Verlauf der GoB-Entwicklung herausgestellt, dass man zur Aufstellung einer Norm nicht die Normadressaten befragen kann, denn diese verfolgen ihre eigenen Interessen und sind deshalb nicht objektiv.[40] Diesbezüglich

---

[27] Vgl. Beisse (1988), S.30; vgl. auch Hommel (1992), S.5, Baetge/Kirsch/Thiele (2011), S.103.
[28] Vgl. Hommel (1992), S.5.
[29] Beisse (1990), S.499.
[30] Vgl. Hommel (1992), S.5; vgl. auch Beisse (1984) S.4.
[31] BFH Urteil, 31.05.1967, I 208/63; vgl. BFH Urteil, 03.02.1969, GrS 2/68; Moxter (2003), S.9.
[32] Beisse (1988), S.40; vgl. auch Beisse (1990), S.500.
[33] Vgl. Hommel (1992), S.9; vgl. Beisse (1997), S.401; Beisse (1988), S.40; Moxter (2007), S.2.
[34] Vgl. Hommel (1992), S.9; vgl. auch Beisse (1988), S.41.; Baetge/Kirsch/Thiele (2011), S.103.
[35] Vgl. Federmann (2010), S.187.
[36] Vgl. Baetge/Kirsch/Thiele (2011), S.103; vgl. auch Binger (2009), S.22; Rüdinger (2004), S.6.
[37] Vgl. Beisse (1999), S.2182; vgl. auch Federmann (2010), S.189; Beisse (1997), S.400.
[38] Vgl. Ballwieser (1995), S.43;vgl. auch Binger S.22.
[39] Vgl. Moxter (2003), S.12; vgl. auch Beisse (1988) S.40.
[40] Vgl. Ballwieser (1995), S.45.

stellt Döllerer später sehr treffend fest, dass die GoB keine Regeln darstellen, nach denen sich tatsächlich gerichtet wird, sondern solche, nach welchen man sich zu richten hat „um zu einer sachgerechten Bilanz zu kommen“[41]. Weiter dem Gedanken Döllerers folgend, soll die Ermittlung der GoB „durch Nachdenken“ über einen sachgerechten Bilanzzweck erfolgen.[42] Die Deduktion der GoB aus dem Bilanzzweck wird ferner auch von der Rechtsprechung bekräftigt.[43] Man kann aber nicht zur Lösung von neuen Fragen durch bloße Deduktion gelangen, meist sind dazu Wertungsentscheidungen der Rechtsprechung notwendig.[44] Steuergerichte sind dafür von hoher Bedeutung, denn aufgrund der Maßgeblichkeit der handelsrechtlichen GoB für die steuerliche Gewinnermittlung (§ 5 Abs. 1 EStG) wird dem Bundesfinanzhof und seinen Entscheidungen ein Einfluss auf die Auslegung und Fortbildung der GoB zugestanden.[45]

II.B.1. Fundamentalprinzipien im System der GoB

II.B.1.a) Vorsichtsprinzip

Nach dem heutigen Stand der Rechtserkenntnis hat der Gläubigerschutzgedanke eine leitende Rolle im System der handelsrechtlichen GoB.[46] Damit kann das Vorsichtsprinzip als oberster Grundsatz[47] herausgestellt werden, denn dieser führt mit seiner vorsichtigen Bewertung zur Erfüllung des Leitgedanken.[48] Durch das Vorsichtsprinzip, welches in § 252 Abs. 1 Nr. 4 HGB kodifiziert ist, kommt zum Ausdruck, dass ein Kaufmann die Vermögens- und Ertragslage seines Unternehmens grundsätzlich vorsichtig einschätzen muss und deshalb alle vorhersehbaren Risiken im Jahresabschluss berücksichtigen muss. Mögliche Verluste haben demnach ein größeres Gewicht als mögliche Gewinne, was bedeutet, dass Vermögenswerte eher niedriger und Schulden eher höher anzusetzen sind.[49] Diese Ungleichbehandlung von Risiken und Chancen wird auch das Imparitätsprinzip im weiteren Sinne genannt.[50] Um eine richtige Anwendung des durchaus weitge-

---

[41] Döllerer (1959), S.1220.
[42] Vgl. Döllerer (1959), S.1220; vgl. auch Beisse (1984) S.7.
[43] Vgl. BFH-Urteil, 31.05.1967, I 208/63; vgl. auch Euler (1989), S.30.
[44] Vgl. Beisse (1997), S.403.
[45] Vgl. Beisse (1980), S. 637-638;vgl auch Beisse (1990), S.504, Binger (2004), S.26.
[46] Vgl. Hommel (1992), S.9.
[47] Vgl. Beisse (1990), S. 500-501; vgl. auch Hommel (1992), S.9.
[48] Vgl. Beisse (1990a), S.2008; vgl. auch Moxter (1996), S.240.
[49] Vgl. Federmann (2010), S.221.
[50] Vgl. Moxter (2003), S. 34-35.

fassten Vorsichtsprinzips sicherzustellen, wird dieses durch weitere Prinzipien konkretisiert und objektiviert.[51]

II.B.1.b) Realisationsprinzip

Das Realisationsprinzip knüpft den Zeitpunkt der Gewinnrealisierung an den „so gut wie sicher“[52] entstandenen Umsatzakt.[53] Demnach sind Gewinne gem. § 252 Abs. 1 Nr. 4 Halbsatz 2 erst auszuweisen, wenn sie am Abschlussstichtag durch Umsätze realisiert wurden. Somit entsteht erst Gewinn im Sinne des Realisationsprinzips, wenn eine Lieferung oder sonstige Leistung erbracht ist,[54] also begründet die faktische Erfüllung der vertraglichen Leistungspflicht und der daraus folgende Forderungszugang, als wirtschaftlicher Umsatzakt, den maßgeblichen Realisationsvorgang.[55] Dabei muss jedoch jegliches Abnahmerisiko ausgeschlossen und die Preisgefahr übergegangen sein.[56]

Das im Rahmen vom BiRiLiG rechtsformunabhängig kodifizierte Realisationsprinzip zählt zu den bedeutendsten Grundsätzen ordnungsmäßiger Buchführung.[57] Denn einerseits wird dieses als eine „besondere Ausprägung“[58] oder Konkretisierung des Vorsichtsprinzips gesehen,[59] noch nicht realisierte Wertsteigerungen „am ruhenden Vermögen“[60] sollen unberücksichtigt bleiben,[61] was einer vorsichtigen Bilanzierung entspricht. Und andererseits bildet das Realisationsprinzip eine wichtige Grundlage zur Ableitung anderer Einzelprinzipien.[62] Von der umsatzabhängigen Ertragsrealisation kann man auf die umsatzabhängige Aufwandsrealisation schließen.[63] Daraus folgt, dass Aufwendungen in der Periode bilanziell zu erfassen sind, in welcher sie den erzielten Umsatz in Form von Erträgen alimentieren.[64] Wenn Ausgaben dagegen mit Umsätzen einer späteren Periode im Zusammenhang stehen, sollen diese im Ausgabejahr erfolgsneutral bilanziert

---

[51] Vgl. Moxter (2003), S. 34; vgl. auch Beisse (1990a), S.2008.
[52] Moxter (2003), S. 41; vgl. auch Hommel (1992), S.28.
[53] Vgl. Moxter (1983), S.304; vgl. auch Moxter (1986), S.174; Hommel (1992) S.22.
[54] Vgl. Moxter (1983), S.304; vgl. auch Hommel (1992), S.22; Rüdinger (2004), S.24.
[55] Vgl. Moxter (2003), S.45; vgl. auch Federmann (2010), S. 225.
[56] Vgl. Moxter (2003), S.45; vgl. auch Federmann (2010), S. 225.
[57] Vgl. Moxter (1983), S.304; vgl. auch Binger (2009), S.36; Moxter (1984a), S.1781; Moxter (1986), S.175; Moxter (1996), S.239.
[58] Moxter (1984a), S.1780.
[59] Vgl. Hommel (1992), S.21; vgl. auch Moxter (2003), S.41-42.
[60] Hommel (1992), S.12; vgl. auch Rüdinger (2004), S.24.
[61] Vgl. Moxter (1984a), S.1781; vgl. auch Hommel (1992), S.12; Moxter (2003), S.41.
[62] Vgl. Moxter (1983), S.304; vgl. auch Moxter (1987), S.365.
[63] Vgl. Hommel (1992), S.22.
[64] Vgl. Hommel (1992), S.22; vgl. auch Moxter (1989), S.234.

werden und erst im Umsatzjahr zur Aufwandserfassung führen.[65] Dieses Verständnis des Realisationsprinzips soll, neben der vorsichtigen Ermittlung eines ausschüttungsfähigen Gewinns, die Rolle eines Periodisierungsprinzips übernehmen.[66]

II.B.1.c) Imparitätsprinzip

Das Imparitätsprinzip im engeren Sinne stellt eine weitere Konkretisierung des Vorsichtsprinzips dar und ergänzt das Realisationsprinzip in seiner vorsichtigen Ermittlung eines ausschüttbaren Gewinns.[67] Demnach sollen alle Risiken und Verluste, die bis zum Abschlussstichtag entstanden oder dem Kaufmann am Tag der Bilanzaufstellung bekannt sind, in der Bilanz berücksichtigt werden (§ 252 Abs.1 Nr.4).[68] Der Grundsatz der Ungleichbehandlung von Chancen und Risiken verlangt somit, dass vorhersehbare oder bereits drohende negative Erfolgsbeiträge in der Bilanz ausgewiesen werden, während positive Erfolgsbeiträge – dem Realisationsprinzip folgend – erst nach Realisation in die Bilanz eingehen.[69] Die Konzeption der umsatzabhängigen Erfassung von Erträgen und Aufwendungen, die im Realisationsprinzip auflebt, ergänzt um die Wirkung der imparitätischen Behandlung von Chancen und Risiken, führt zu einer vorsichtsgeprägten, verlustantizipierenden Ermittlung des Umsatzgewinns.[70]

II.B.1.d) Objektivierungsprinzip

Die Schutzfunktion der Bilanz soll u.a. durch einen intersubjektiv nachprüfbaren Inhalt erfüllt werden.[71] Denn Bilanzinhalte sind prognoseabhängig, woraus gewisse (oft enorme) Ermessensspielräume resultieren.[72] Oft unterscheiden sich die Interessen des bilanzierenden Kaufmanns von den Interessen der Bilanzadressaten sehr stark und verleiten den Kaufmann diese Ermessensspielräume nicht nur zu nutzen sondern auch zu missbrauchen.[73] Das Objektivierungsprinzip als eines

---

[65] Vgl. Hommel (1992), S.22; vgl. auch Moxter (1988), S.449; Moxter (1989), S.234.
[66] Vgl. Moxter (1984a), S.1786.
[67] Vgl. Moxter (1986), S.174; vgl. auch Moxter (1989), S.241; vgl. auch Rüdinger (2004), S.24.
[68] Vgl. Moxter (1986), S.174; vgl. auch Moxter (2003), S.55.
[69] Vgl. Binger (2009), S.40; vgl. auch Euler (1989), S.62.
[70] Vgl. Binger (2009), S.40; vgl. auch Euler (1989), S.62.
[71] Vgl. Moxter (2003), S.16; vgl. auch Binger (2009), S.31.
[72] Vgl. Moxter (2003), S.16; vgl. auch Rüdinger (2004), S.25.
[73] Vgl. Moxter (2003), S.16; vgl. auch Binger (2009), S.31.

der Rahmenprinzipien soll der möglichen Bilanzmanipulation entgegenwirken, in dem es die Ermessensspielräume begrenzt.[74]

Für das Objektivierungsprinzip gibt es weder eine allgemeine Definition, noch wird dieses gesetzlich konkretisiert.[75] Damit entsteht ein Problem der Auslegung des Objektivierungsprinzips, denn der Grad der vom Gesetzgeber gewollten Objektivierung ist nicht eindeutig.[76] Um eine viel zu geringe oder auch eine zu radikale Form der Objektivierung zu vermeiden „bedarf [es] einer Gewichtung zwischen von Bilanzaufgaben und Objektivierungsrestriktionen“[77]. Dabei darf aber nicht der Kaufmann selbst diese Gewichtung vornehmen und das Objektivierungsprinzip selbst auslegen, vielmehr muss die Wertung des Gesetzgebers bzw. der Rechtsprechung herangezogen werden.[78]

---

[74] Vgl. Moxter (2003), S.16; vgl. auch Binger (2009), S.31.
[75] Vgl. Binger (2009), S.32.
[76] Vgl. Moxter (1986), S.174.
[77] Moxter (2003), S.16.
[78] Vgl. Moxter (2003), S.16; vgl. auch Binger (2009) S.33.

III. Ansatz und Bewertung von Pensionsverpflichtungen nach deutschem Handelsbilanzrecht

III.A. Begriff der Pensionsverpflichtung

Der Begriff der Pensionsverpflichtung verfügt sowohl im Handles- wie auch im Steuerrecht über keine Legaldefinition und gilt im Schrifttum als Synonym zum Begriff der betrieblichen Altersversorgung.[79] Die betriebliche Altersversorgung (bAV) umfasst nach § 1 Abs. 1 BetrAVG alle Leistungen der Alters-, Invaliditäts- oder Hinterbliebenenversorgung, die ein Arbeitgeber einem Arbeitnehmer „aus Anlass seines Arbeitsverhältnisses“ zusagt.[80] Hiervon können drei wesentliche Merkmale der bAV abgeleitet werden: die Zusage der Leistung erfolgt aus Anlass eines Arbeitsverhältnisses, diese Leistung wurde zwecks Versorgung zugesagt und der Versorgungsanspruch entsteht nach Eintritt eines biologischen Ereignisses (z.B Alter, Tod).[81]

Ein Versorgungsverhältnis, das eine Pensions- oder Versorgungszusage voraussetzt, wird in Form eines Vertrages zwischen einem Arbeitgeber und einem oder mehreren Arbeitnehmern, begründet.[82] Dieser Vertrag kann auf Einzel- oder Gesamtzusagen sowie kollektivvertraglichen Vereinbarungen (Betriebsvereinbarungen, Tarifverträgen, Besoldungsordnung) beruhen.[83] Das Rechtsverhältnis zwischen der getätigten Pensionszusage und dem Eintritt des Versorgungsfalls wird als Pensionsanwartschaft bezeichnet.[84] Gemäß § 158 BGB kommt es durch die Zusage zu einer aufschiebend bedingten Schuld des Arbeitgebers gegenüber dem Arbeitnehmer.[85] Beim Eintritt des Versorgungsfalls endet die Anwartschaftsphase[86] und der bisherige Versorgungsanwärter wird zum Leistungsempfänger. Diese Phase wird als laufende Pensionsverpflichtung bezeichnet und endet mit dem Tod des Begünstigten.[87]

---

[79] Vgl. Planert (2006), S.4; vgl. auch Gelhausen/Fey/Kämpfer (2009), S.192 Tz.65; Bertram (2009), Tz.46; Tonne (2009), S.27; IDW RS HFA 30, Rn. 6.

[80] Vgl. Planert (2006), S.4; vgl. auch Thoms-Meyer (1996), S.6.

[81] Vgl. Planert (2006), S.4; vgl. auch Thoms-Meyer (1996), S.7; Petersen (2002) S.11; Ellrot/Riehl (2010), Rn. 152; Tonne (2009), S.27.

[82] Vgl. Ellrot/Riehl (2010), Rn.158; vgl. auch Bertram (2009), Tz.51; Tonne (2009), S.27.

[83] Vgl. Doetsch u.a. (2010), S.15; vgl. auch Thoms-Meyer (1996), S.14; Ellrot/Riehl (2010), Rn.159; Bertram (2009), Tz.51.

[84] Vgl. Petersen (2002), S.12; vgl. auch Thoms-Meyer (1996), S.8; Bertram (2009), Tz.50; Ellrot/Riehl (2010), Rn.155.

[85] Vgl. Petersen (2002), S.12; vgl. auch IDW RS HFA 30, Rn. 16.

[86] Vgl. Petersen (2002), S.12.

[87] Vgl. Planert (2006), S.5; vgl. auch Thoms-Meyer (1996), S.8.

Da Leistungen aus betrieblicher Altersversorgung i.d.R. eine freiwillige Sozialleistung von Seiten des Arbeitgebers darstellen, verfügt der zusagende Arbeitgeber über das Recht über Art und Höhe der Pensionszusage zu entscheiden.[88] Im Leistungsplan wird unter anderem die Rentenformel festgelegt, welche eine gehalts- und/ oder dienstzeitabhängige Versorgung vorsieht.[89] Bei der Art der Zusage kann der Arbeitgeber zwischen der Leistungszusage, der beitragsorientierten Leistungszusage und der Beitragszusage mit Mindestleistung wählen. Bei einer Leistungszusage wird ein späterer Versorgungsanspruch in Form einer festen Pension, bspw. 100 Euro monatlich zugesagt, wobei dieser nicht in Bezug zum erforderlichen Versorgungsaufwand gestellt wird.[90] Dagegen verpflichtet sich der Arbeitgeber bei der beitragsorientierten Leistungszusage bestimmte regelmäßige Beiträge zu erbringen bzw. umzuwandeln, was die Höhe der späteren Rente variabel lässt.[91] Ab dem 1. Januar 2002 ist auch die Möglichkeit einer Beitragszusage mit Mindestleistung gegeben. Bei einer solchen verpflichtet sich der Arbeitgeber bestimmte Beiträge an eine Direktversicherung, eine Pensionskasse oder einen Pensionsfonds zu zahlen, wobei mindestens die Summe der zugesagten Beiträge zum Eintritt des Versorgungsfalls vom Arbeitgeber garantiert werden muss,[92] er übernimmt somit die Haftung für die Summe der Beiträge, die zur Finanzierung der Altersleistung verwendet werden.[93] Außerdem kann es sich bei Pensionsverpflichtungen um regelmäßige Pensionszahlungen oder um Einmalzahlungen, welche durch Kapitalzusagen begründet sind, handeln.[94] Des Weiteren muss bei der Pensionszusage die Frage der Finanzierung der späteren Leistung geklärt werden. Die Zusage kann entweder nur vom Arbeitnehmer im Rahmen der Entgeltumwandlung oder nur vom Arbeitgeber sowie von beiden finanziert werden.[95]

In Deutschland stehen fünf mögliche Durchführungswege für die Abwicklung von Pensionszusagen offen.[96] Wobei der Arbeitgeber die Altersversorgung selbst durchführen kann, dann spricht man von unmittelbaren Pensionsverpflichtun-

[88] Vgl. Petersen (2002), S.12; vgl. auch Tonne (2009), S.27-28.
[89] Vgl. Petersen (2002), S.13; vgl. auch Tonne (2009), S.28.
[90] Vgl. Doetsch u.a. (2010), S.24; vgl. auch Petersen (2002), S.14; Bertram (2009), Tz.46.
[91] Vgl. Doetsch u.a. (2010), S.24 f.; vgl. auch Petersen (2002), S.15; Bertram (2009), Tz.46; Ellrot/Riehl (2010), Rn. 160.
[92] Vgl. Bertram (2009), Tz.46.
[93] Vgl. Doetsch u.a. (2010), S.25 f.
[94] Vgl. Ellrot/Riehl (2010), Rn.152.
[95] Vgl. Doetsch u.a. (2010), S.16; vgl. auch Bertram (2009), Tz.46.
[96] Vgl. Thoms-Meyer (1996), S.9; vgl. auch Planert (2006), S.6.

gen,[97] oder die Durchführung einem externen rechtlich selbstständigen Versorgungsträger in Auftrag geben kann und sich damit seinem Arbeitnehmer gegenüber mittelbar verpflichten.[98] Eine unmittelbare Pensionszusage oder Direktzusage ist von der Verpflichtung des Arbeitgebers die Pensionsleistungen, nach Eintritt des Versorgungsfalls, aus eigenen Mitteln zu erbringen, gekennzeichnet.[99] Dieser Durchführungsweg sieht keine Zwischenschaltung eines Versorgungsträgers vor und birgt damit ein Ausfallrisiko für den Pensionsanwärter.[100] Um diesem Ausfallrisiko entgegenzuwirken sind für die Direktzusage Beiträge des Arbeitgebers an den Pensionssicherungsverein vorgeschrieben,[101] Die mittelbare Pensionsverpflichtung ist dagegen durch die Einschaltung eines externen Versorgungsträgers gekennzeichnet.[102] Die Rolle eines externen Versorgungsträgers kann durch eine Unterstützungskasse, eine Direktversicherung, eine Pensionskasse oder ein Pensionsfonds erfüllt werden.[103] Die Unterstützungskassen verwalten als rechtlich selbstständige Versorgungseinrichtungen die Deckungsmittel von einem oder mehreren Trägerunternehmen.[104] Sie gewähren dem Arbeitnehmer keinen Rechtsanspruch auf die Leistungserbringung.[105] Dagegen stellen Pensionskassen auch rechtlich selbstständige Versorgungseinrichtungen dar, gewähren dem Arbeitnehmer aber den Rechtsanspruch auf die Leistungserbringung.[106] Der Begriff der Pensionskasse wird indes unter § 1 Abs.3 Satz 1 BetrAVG gesetzlich geregelt.[107] Wenn der Durchführungsweg einer Direktversicherung gewählt wurde, schließt der Arbeitgeber eine Lebensversicherung auf das Leben des Arbeitnehmers ab.[108] Meist erhalten der Arbeitnehmer oder seine Hinterbliebenen eine Bezugsberechtigung auf die Versicherungsleistung aus dieser Art der Versorgung.[109] Die Möglichkeit betriebliche Altersversorgung über einen Pensionsfonds abzuwickeln wurde mit dem Altersvermögensgesetz eingeführt und

---

[97] Vgl. Adler/Düring/Schmalz (1998), Tz.86.
[98] Vgl. Adler/Düring/Schmalz (1998), Tz.105.
[99] Vgl. Thoms-Meyer, (1996) S.8.
[100] Vgl. Planert (2006), S.26.
[101] Vgl. Planert (2006), S.26.
[102] Vgl. Laupenmühlen/ Löw/ Kusterle (2002), S.289.
[103] Vgl. Adler/Düring/Schmalz (1998), Tz.106.
[104] Vgl. Planert (2006), S.29; vgl. auch Laupenmühlen/ Löw/ Kusterle (2002), S.289.
[105] Vgl. Planert (2006), S.29; vgl. auch Laupenmühlen/ Löw/ Kusterle (2002), S.289; Adler/Düring/Schmalz (1998), Tz.107.
[106] Vgl. Planert (2006), S.33-34; vgl. auch Laupenmühlen/ Löw/ Kusterle (2002), S.289; Adler/Düring/Schmalz (1998), Tz.110.
[107] Vgl. Laupenmühlen/ Löw/ Kusterle (2002), S.289; vgl. auch Adler/Düring/Schmalz (1998), Tz.110.
[108] Vgl. Planert (2006), S.31 ; vgl. auch Laupenmühlen/ Löw/ Kusterle (2002), S.289.
[109] Vgl. Planert (2006), S. 31.

unterliegt der Versicherungsaufsicht (§ 1 Abs. 1 VAG). Hierbei wird der Arbeitnehmer an den Chancen aber auch an den Risiken der Fondsperformance beteiligt, jedoch haftet der Arbeitgeber in Form der zugesagten Mindestleistung.[110] Bei diesen mittelbaren Durchführungswegen zahlt der Arbeitgeber während der Anwartschaftsphase Beiträge oder Prämien an den gewählten Versorgungsträger.[111] Der Versorgungsträger dagegen zahlt, nach Eintritt des Versorgungsfalls, die Rente an den Begünstigten.[112] In den Fällen, in denen der externe Versorgungsträger die zugesagte Leistung nicht erbringen kann (bspw. Aufgrund einer Insolvenz), greift die im § 1 Abs. 1 Satz 3 BetrAVG gesetzlich festgelegte Sübsidiärhaftung des Arbeitgebers, der dann die Versorgungsleistungen übernehmen muss.[113]

III.B. Das Objektivierungsprinzip und seine Implikationen für die Bilanzierung von Pensionsverpflichtungen

Grundsätzlich sollen Pensionsverpflichtungen sowohl nach deutschem Handelsrecht wie auch nach internationalen Gesetzesvorschriften als ungewisse Verbindlichkeit passiviert werden. Nachfolgend soll geprüft werden, nach welchen Prinzipien dies geschieht und welche Grundsätze einer besonderen Beachtung beim Ansatz von Pensionsverpflichtungen bedürfen.

Um die die Implikationen des Objektivierungsprinzips für die Bilanzierung von Pensionsverpflichtungen erläutern zu können, muss zuerst auf das Prinzip der wirtschaftlichen Vermögensbelastung eingegangen werden. Denn das Vorliegen einer wirtschaftlichen Vermögensbelastung stellt eine notwendige Voraussetzung für den Verbindlichkeitsansatz dar.[114] Es ist von großer Bedeutung, dass der Begriff einer bilanziellen Verbindlichkeit nach der wirtschaftlichen Betrachtungsweise auszulegen ist,[115] somit würde eine rechtliche Verpflichtung ohne das Vorliegen einer wirtschaftlichen Vermögensbelastung, keine bilanzrechtliche Verbindlichkeit darstellen.[116] Nach Moxter ist „das Vorliegen einer Rechtsverpflichtung [...] weder eine hinreichende noch notwendige Passivierungsvoraus-

[110] Vgl. Planert (2006), S.36; vgl. auch Laupenmühlen/ Löw/ Kusterle (2002), S.290.
[111] Vgl. Thoms-Meyer (1996), S.9; vgl. auch IDW RS HFA 30, Rn. 36.
[112] Vgl. Adler/Düring/Schmalz (1998), Tz.106.
[113] Vgl. Planert (2006), S.29; vgl. auch IDW RS HFA 30, Rn.36.
[114] Vgl. Planert (2006), S.16.
[115] Vgl. Moxter (2003), S.97, Planert (2006), S.16.
[116] Vgl. Planert (2006), S.16.

setzung."[117] Folglich muss die Pensionsverpflichtungen auf das Vorliegen einer wirtschaftlichen Vermögensbelastung geprüft werden um ihre Passivierung rechtfertigen zu können.[118] Zum Zeitpunkt der Pensionszusage kommt es gem. § 158 BGB regelmäßig zu einer aufschiebend bedingten Schuld, deshalb liegt bis zum Eintritt des Versorgungsfalls, d.h. während der Pensionsanwartschaft, keine rechtliche Vollentstehung der Verpflichtung vor und der Versorgungsvertrag ist in strenger Auslegung als ein schwebend unwirksames Vertragsverhältnis zu qualifizieren.[119] Dennoch lässt sich die bilanzrechtliche Verbindlichkeit mit Hilfe des Kriteriums der wirtschaftlichen Vermögensbelastung begründen.[120] Eine wirtschaftliche Vermögensbelastung liegt bei einer Pensionsverpflichtung vor, weil die Versorgungsleistung nach h.M. als ein zeitlich verzögerter Entgeltanteil gesehen werden muss.[121] Dieser soll den Arbeitnehmer für die von ihm jährlich erbrachte Arbeitsleistung und für seine Betriebstreue entlohnen.[122] Solange der Arbeitnehmer die aus dem Dienstverhältnis resultierenden Leistungspflichten erfüllt, sieht sich der Arbeitgeber in einem Erfüllungsrückstand, der die wirtschaftliche Vermögensbelastung und damit auch den Verbindlichkeitsansatz begründet.[123] Ein gedachter Käufer des gesamten Unternehmens würde die gewährten Pensionszusagen bei seiner Kaufpreiskalkulation berücksichtigen.[124] Die überprüfte und begründete Vermögensbelastung soll nun mit Hilfe der Objektivierungsprinzipien konkretisiert werden.

III.B.1. Außenverpflichtung

Verbindlichkeiten im bilanzrechtlichen Sinne werden nur von Außenverpflichtungen, d.h. von Leistungsverpflichtungen gegenüber Dritten, begründet.[125] Diese Leistungsverpflichtung kann privatrechtlich oder öffentlich-rechtlich begründet sein oder auch aus faktischen Leistungszwängen entstehen.[126] Dagegen stellen

---

[117] Moxter (1999), S.82; vgl. auch Planert (2006), S.17; Moxter (2003), S.96; Rüdinger (2004), S.55.
[118] Vgl. Planert (2006), S.16; vgl. auch Thoms-Meyer (1996), S.19.
[119] Vgl. Petersen (2002), S.20-21.
[120] Vgl. Petersen (2002), S.21; vgl. auch Planert (2006), S.17.
[121] Vgl. Thoms-Meyer (1996), S.20, vgl. auch Planert (2006), S.17; Petersen (2002), S.22.
[122] Vgl. Vgl. Planert (2006), S.17.
[123] Vgl. Thoms-Meyer (1996), S.20, vgl. auch Planert (2006), S.17; Petersen (2002), S.22.
[124] Vgl. Planert (2006), S.17.
[125] Vgl. Moxter (1999), S.82; vgl. auch Planert (2006), S.18, Moxter (2003), S.113; Kaiser (2008), S.40; Rüdinger (2004), S.58.
[126] Vgl. Moxter (1999), S.83; vgl. auch Planert (2006), S.18; Moxter (2003), S.113.

reine Innenverpflichtungen keine bilanzrechtlichen Verbindlichkeiten dar.[127] Das sind betriebswirtschaftliche Verpflichtungen des Kaufmannes „gegen sich selbst"[128], von der Erfüllung welcher sich der Kaufmann entziehen könnte.

Pensionsverpflichtungen erfüllen die Anforderungen einer Außenverpflichtung, denn die Leistungsverpflichtung des Arbeitgebers besteht gegenüber einem außenstehenden Dritten, als welcher bei dieser Betrachtung der Arbeitnehmer gesehen wird.[129] Dabei muss die Verpflichtung nicht unbedingt rechtlicher Natur sein, ein faktischer Leistungszwang, dem sich der Arbeitnehmer nicht entziehen kann, genügt um die Außenverpflichtung zu begründen.[130]

III.B.2. Objektivierte Mindestwahrscheinlichkeit

Das Prinzip der objektivierten Mindestwahrscheinlichkeit der Inanspruchnahme stellt ein weiteres Kriterium zur Objektivierung der betriebswirtschaftlichen Vermögenslast dar. Die Unsicherheit über die Inanspruchnahme der Verpflichtung erfordert eine objektive Konkretisierung der Wahrscheinlichkeit.[131] Reine Vermutungen einer möglichen Entstehung reichen nach Auffassung des BFH nicht aus.[132] Vielmehr muss die Verpflichtung hinreichend wahrscheinlich und mit ihrem Eintritt muss „ernsthaft zu rechnen"[133] sein. Dabei müssen „mehr Gründe für als gegen das Be- oder Entstehen einer Verbindlichkeit und eine künftige Inanspruchnahme sprechen"[134]. Aber auch Außenverpflichtungen, deren Eintritt eine Wahrscheinlichkeit unter 50% zugestanden wird, können zu bilanzrechtlichen Verbindlichkeiten führen, denn es gibt keine gesetzlich festgelegt Wahrscheinlichkeitsqualifizierung.[135] Damit kommt das Vorsichtsprinzip auch an dieser Stelle zur Geltung, denn viel wichtiger als quantifizierte Wahrscheinlichkeitsaussagen sind „gut (stichhaltige) Gründe"[136], die das Vorliegen einer Leistungspflicht begründen.[137] Jeder Einzelfall soll nach vernünftiger kaufmännischer

---

[127] Vgl. Moxter (1999), S.82; vgl. auch Kaiser (2008), S.40; Rüdinger (2004), S.58; Kozikowski/Schubert (2010), Anm.26.
[128] BFH-Urteil, 19.01.1972, I 114/65.
[129] Vgl. Planert (2006), S.18; vgl. auch Petersen (2002), S.20.
[130] Vgl. Thoms-Meyer (1996), S.15; vgl. auch Planert (2006), S.18.
[131] Vgl. Planert (2006), S.19; vgl. auch Moxter (2003), S.116.
[132] Vgl. BFH-Urteil, 27.04.1965,1 324/62 S; vgl. auch Kaiser (2008), S.69; Rüdinger (2004), S.63.
[133] BFH-Urteil, 17.07.1980 IV R 10/76; vgl. auch Petersen (2002), S.22.
[134] BFH-Urteil, 01.08.1984,1 R 88/80; vgl. auch Bertram (2009), Tz.42.
[135] Vgl. Moxter (1999), S.85; vgl. auch Kaiser (2008), S.71; Planert (2006), S.18; Kozikowski/Schubert (2010), Anm.26.
[136] Eibelshäuser (1987), S.863; vgl. auch Kaiser (2008), S.71.
[137] Vgl. Planert (2006), S.19; vgl. auch Rüdinger (2004), S.65; Bertram (2009), Tz.44.

Beurteilung geprüft und bewertet werden, dafür sollte nach Möglichkeit Wertung der Rechtsprechung hinzugezogen werden, aber auch begründete und objektivierte Erfahrungswerte sind erlaubt.

Auch die Anforderung der objektivierten Mindestwahrscheinlichkeit wird von Pensionsverpflichtungen erfüllt.[138] Denn mit der vertraglichen Vereinbarung bekommt der Arbeitnehmer einen Anspruch auf die Leistung, der sich der Arbeitgeber nicht entziehen kann.[139] Die „hinreichend hohe Fälligkeitswahrscheinlichkeit“[140] ist von einem vorsichtig Bilanzierenden Kaufmann als gegeben anzusehen.[141] Weder Wartezeiten, Vorschaltzeiten noch Widerrufsvorbehalte sind für die Wahrscheinlichkeitsbeurteilung schädlich.[142]

III.B.3. Selbstständige Bewertbarkeit

Des Weiteren muss die Verpflichtung selbstständig bewertbar sein,[143] außerdem muss es möglich sein den Erfüllungswert vom Geschäfts- und Firmenwert abzugrenzen.[144] Die Anforderungen an die Selbstständige Bewertbarkeit werden aber nicht als besonders hoch angesehen, denn begründete Schätzungen des Kaufmanns über den Erfüllungsbetrag der Verpflichtung reichen aus um diesem Kriterium zu genügen,[145] was aber zu neuen Ermessensspielräumen führen kann. Durch Verwendung von geeigneten Bewertungsmethoden und das Beachten von versicherungsmathematischen Parametern und Trends ist eine begründete Schätzung des Betrags, der zur Erfüllung von Pensionsverpflichtungen nötig sein wird, möglich und das Kriterium der Selbstständigen Bewertbarkeit gilt als erfüllt.[146]

III.B.4. Passivierungszeitpunkt

Damit eine Verbindlichkeit passiviert werden kann, muss diese am Bilanzstichtag entweder „rechtlich voll wirksam entstanden“[147] oder wirtschaftlich verursacht

---

[138] Vgl. Planert (2006), S.19.
[139] Vgl. IDW RS HFA 30, Rn. 15.
[140] Petersen (2002), S.22.
[141] Vgl. Planert (2006), S.20.
[142] Vgl. Planert (2006), S.20; Petersen (2002), S.23; vgl. auch IDW RS HFA 30, Rn.17.
[143] Vgl. Moxter (1982), S.89.
[144] Vgl. Planert (2006), S.21.
[145] Vgl. Rüdinger (2004), S.81.
[146] Vgl. Planert (2006), S.21.
[147] BFH-Urteil, 24.04.1968 I R 50/67.

worden sein.[148] Fallen die Zeitpunkte der rechtlichen Entstehung und der wirtschaftlichen Verursachung auseinander, gilt – nach Auffassung des BFH – der frühere Zeitpunkt als der für die Passivierung entscheidende.[149] Dabei liegt wirtschaftliche Verursachung nur bei wesentlicher Erfüllung der Tatbestandsmerkmale, an welche die Verpflichtungsentstehung vertraglich oder gesetzlich gebunden ist, vor.[150] Nach dieser Sichtweise knüpft das Kriterium der wirtschaftlichen Verursachung eng an den rechtlichen Ablauf einer Verbindlichkeitsentstehung an.[151] Dabei bilden die wirtschaftlich wesentlichen Tatbestandsmerkmale eine Teilmenge von allen Tatbestandsmerkmalen, Erfüllung welcher zu einer rechtlichen Vollentstehung einer Verbindlichkeit führt.[152] Somit kann der Zeitpunkt der wirtschaftlichen Verursachung nur vor dem Zeitpunkt der rechtlichen Entstehung liegen.[153] Allerdings ist es von der Rechtsprechung nicht festgelegt nach welchen Kriterien wirtschaftlich wesentliche von den wirtschaftlich unwesentlichen Tatbestandsmerkmalen getrennt werden können.[154] Die Abgrenzung kann nicht anhand eines allgemeinen Kriteriums erfolgen, denn aus rechtlicher Sicht, wird allen Tatbestandsmerkmalen der gleiche Wert zugesprochen.[155] Deshalb muss an dieser Stelle auch eine andere Auslegung des BFH für die wirtschaftliche Verursachung vorgestellt werden. Danach soll eine Verbindlichkeit grundsätzlich als wirtschaftlich verursacht gelten, wenn dieser eine Vermögenslast zugrunde liegt, welcher keine Kompensation im Rahmen von Vermögenszugängen gegenübersteht.[156] Damit wird die Bedeutung des Realisationsprinzips für den Ansatz von Schulden deutlich, denn bei „konkretisierte[r] Zugehörigkeit künftiger Ausgaben zu bereits realisierten Erträgen“[157] besteht eine Passivierungspflicht für Verpflichtungen, die zu diesen Ausgaben führen. Mit anderen Worten, muss es sich hierbei um eine „Nettovermögensbelastung“[158] handeln.

---

[148] Vgl. BFH-Urteil, 12.12.1990 I R 18/89.

[149] Vgl. Kaiser (2008), S.83; vgl. auch Moxter (1982), S.97; Kozikowski/Schubert (2010), Anm.34.

[150] Vgl. BFH-Urteil, 01.08.1984, I R 88/80; vgl auch BFH-Urteil, 25.03.1992, I R 69/91; Kaiser (2008), S.85; Kozikowski/Schubert (2010), Anm.36.

[151] Vgl. Kaiser (2008), S.85.

[152] Vgl. Kaiser (2008), S.85.

[153] Vgl. Kaiser (2008), S.85; vgl. auch Planert (2006), S.22; Bertram (2009), Tz.36.

[154] Vgl. Kaiser (2008), S.85.

[155] Vgl. BFH-Urteil, 13.11.1991, I R 78/89; vgl. auch Kaiser (2008), S.85.

[156] Vgl. Moxter (2003), S.98 f.; vgl. auch Planert (2006), S.22; Ballwieser (2008), Rn.14.

[157] BFH-Urteil 25.08.1989, III R 95/87; vgl. auch Ballwieser (2008), Rn.19; Bertram (2009), Tz.39.

[158] Ballwieser (2008), Rn.14; vgl. auch Planert (2006), S.22.

Die rechtliche Vollentstehung von Pensionsverpflichtungen liegt offensichtlich erst beim Eintritt des Versorgungsfalls vor.[159] Deshalb muss für die Bestimmung des Passivierungszeitpunktes von Pensionsverpflichtungen der Zeitpunkt der wirtschaftlichen Verursachung festgestellt werden.[160] Dafür muss das Realisationsprinzip mit seinem Alimentationsgedanken herangezogen werden, denn die Abgrenzung zwischen wirtschaftlich wesentlichen und unwesentlichen Tatbestandsmerkmalen führt zu keiner befriedigenden Lösung.[161] Zuerst muss festgestellt werden, dass die Pensionsverpflichtung bei der die Pensionszusage mit dem Diensteintritt zusammenfällt und es damit für den Arbeitgeber zu einem schwebend unwirksamen Schuldverhältnis kommt, aufgrund des Grundsatzes der Nichtbilanzierung schwebender Geschäfte zum Zusagezeitpunkt nicht passiviert wird.[162] Allerdings wird vom Arbeitnehmer in jedem Dienstjahr vertragsgemäß eine Arbeitsleistung erbracht, diese bringt den Arbeitgeber in Erfüllungsrückstand, denn die Pensionszahlungen folgen erst bei Eintritt des Versorgungsfalls.[163] Dabei wird die Pensionsleistung als verzögertes Entgelt für eben diese Arbeitsleistung und Betriebstreue angesehen.[164] Somit sind die späteren Aufwendungen für die Pensionsleistungen den ihnen zugehörigen Erträgen aus der Arbeitsleistung des Arbeitgebers vor dem jeweiligen Bilanzstichtag zuzuordnen.[165] Dem Realisationsprinzip folgend muss der Ansatz einer Rückstellung für ungewisse Verbindlichkeiten erfolgen.

III.C. Konkretisierende Rechtsvorschriften zum Ansatz von Pensionsverpflichtungen

Die Ergebnisse der vorangegangenen Analyse führen zu der Erkenntnis, dass bei Pensionsverpflichtungen ungewisse Verbindlichkeiten vorliegen, für die eine generelle Passivierungspflicht besteht. Diese wird vom Gesetzgeber in § 249 Abs.1 HGB vorgeschrieben. Danach sollen ungewisse Verbindlichkeiten als Rückstellungen in der Bilanz passiviert werden. Pensionsverpflichtungen stellen ungewisse Verbindlichkeiten dar und fallen eindeutig unter dieses Passivierungsgebot.[166] Diese Vorschrift wird allerdings von Art.28 EGHGB ergänzt, wodurch

[159] Vgl. Planert (2006), S.22.
[160] Vgl. Planert (2006), S.22.
[161] Vgl. Moxter (1999), S. 108 f.; vgl. auch Planert (2006), S.22.
[162] Vgl. Moxter (2003), S.108; vgl. auch Planert (2006), S.23.
[163] Vgl. Planert (2006), S.23.
[164] Vgl. Thoms-Meyer (1996), S.9.
[165] Vgl. Planert (2006), S.23; vgl. auch Moxter (1999), S.108; Thoms-Meyer (1996), S.9.
[166] Vgl. Thoms-Meyer (1996), S.27; vgl. auch Planert (2006), S.24; Petersen (2002), S.24.

der Gesetzgeber die bereits bestätigte Passivierungspflicht durchbricht und dem bilanzierenden Kaufmann durch eine Sonderregel ein Passivierungswahlrecht für bestimmte Arten von Pensionsverpflichtungen zugesteht.[167] Gem. Art.28 Abs.1 EGHGB darf das Passivierungswahlrecht auf mittelbare Pensionszusagen, ähnliche mittelbare und unmittelbare Verpflichtungen und auf Altzusagen angewendet werden.[168] Der Begriff der mittelbaren Verpflichtungen wurde weiter oben bereits erläutert. Der Begriff der ähnlichen Verpflichtungen erfährt dagegen weder im EGHGB noch im HGB eine eindeutige Begrenzung.[169] Im Schrifttum wird darauf hingewiesen, dass solche Verpflichtungen wohl ein Versorgungscharakter haben sollen oder vergleichbar langfristig sein sollen.[170] Abschließend bleibt noch der Begriff der Altzusagen zu definieren. Als solche werden unmittelbare Pensionszusagen bezeichnet, die vor dem 01. Januar 1987 erteilt wurden.[171] Für diese, wie auch für deren Erhöhungen muss nach Art.28 Abs.1 EGHGB keine Rückstellung gebildet werden.[172] Indes gilt für Kapitalgesellschaften, die mittelbare Pensionszusagen erteilt haben oder aufgrund von Altzusagen verpflichtet sind, zu beachten, dass bei Ausnutzung des Passivierungswahlrechts zusätzliche Anhangangaben zu tätigen sind.[173] Dabei müssen die Beträge, die aufgrund des Wahlrechts nicht passiviert wurden angegeben werden.[174] Dieses Passivierungswahlrecht ist allerdings nicht unbestritten und soll im Rahmen der kritischen Würdigung nochmals aufgegriffen werden.

III.D. Bewertung von Pensionsverpflichtungen

III.D.1. Maßgebliche Vorschriften

Die Bewertung von Verbindlichkeitsrückstellungen wird wie die Bewertung von Verbindlichkeiten von allgemeinen GoB geregelt.[175] Gesetzlich ist die Bewertung im § 253 HGB festgelegt. Darin wird kodifiziert, dass Rückstellungen nur zu dem Betrag anzusetzen sind, „der nach vernünftiger kaufmännischer Beurteilung

---

[167] Vgl. Thoms-Meyer (1996), S.27; vgl. auch Planert (2006), S.24; Ballwieser (2008), Rn.31; Bertram (2009), Rz.62; Adler/Düring/Schmalz (1998), Tz. 79.

[168] Vgl. Thoms-Meyer (1996), S.27; vgl. auch Planert (2006), S.24; Petersen (2002), S.25.

[169] Vgl. Adler/Düring/Schmalz (1998), Tz.115; vgl. auch Petersen (2002), S.29.

[170] Vgl. Adler/Düring/Schmalz (1998), Tz.115; vgl. auch IDW RS HFA 30, Rn. 9.

[171] Vgl. Ellrot/Riehl (2010), Rn.82, vgl. auch Adler/Düring/Schmalz (1998), Tz.167; Laupenmühlen/ Löw/ Kusterle (2002), S.289.

[172] Vgl. Ellrot/Riehl (2010), Rn.82, vgl. auch Adler/Düring/Schmalz (1998), Tz.167.

[173] Vgl. Ellrot/Riehl (2010), Rn.271.

[174] Vgl. Laupenmühlen/ Löw/ Kusterle (2002), S.289.

[175] Vgl. Planert (2006), S.41; vgl. auch Thoms-Meyer (1996), S.59.

notwendig ist" (§ 253 Abs.1 Satz 2 HGB).[176] Es bedarf keiner besonderen Regel für Verbindlichkeitsrückstellungen, denn diese stellen Verbindlichkeiten dar und sollen wie Verbindlichkeiten zum Erfüllungsbetrag bewertet werden. [177] Der Begriff des Erfüllungsbetrages wurde durch das BilMoG eingeführt und beschreibt den Betrag, der nötig sein wird um die Verbindlichkeit zu begleichen.[178] Mit diesem Begriff wird ebenfalls klargestellt, dass künftige Preis- und Kostensteigerungen mit Hilfe von Trendannahmen zwingend bei der Rückstellungsbewertung zu berücksichtigen sind.[179] Außerdem müssen gem. § 253 Abs.2 Satz 1 HGB Rückstellungen mit einer Restlaufzeit von mehr als einem Jahr abgezinst werden. Der Diskontierungsfaktor darf ferner auch nicht mehr vom Kaufmann gewählt werden, sondern wird vom Gesetzgeber durch die Rückstellungsabzinsungsverordnung (RückAbzinsV)[180] geregelt.[181] Der Zinssatz wird als ein restlaufzeitabhängiger durchschnittlicher Marktzinssatz der vergangenen sieben Jahre von der Deutschen Bundesbank ermittelt und monatlich veröffentlicht.[182]

Für die Bewertung von Pensionsverpflichtungen ist es zunächst wichtig zwischen Rentenverpflichtungen, für die keine Gegenleistung mehr zu erwarten ist und solchen für die noch Gegenleistung in Form von Arbeitsleistung erwartet wird, zu unterscheiden,[183] denn diese zwei Gruppen werden mit unterschiedlichen Werten in der Bilanz angesetzt. Unter die Gruppe der Rentenverpflichtungen, für die keine Gegenleistung mehr erwartet wird, fallen bereits laufende Pensionszahlungen und unverfallbare Anwartschaften von ehemaligen Arbeitnehmern, die vor Eintritt des Versorgungsfalls aus dem Unternehmen ausgeschieden sind.[184] Für diese Art der Verpflichtung muss der volle versicherungsmathematisch Barwert der zugesagten Leistung in der Bilanz angesetzt werden.[185] Für Anwartschaften, also für Rentenverpflichtungen aus laufenden Arbeitsverhältnissen muss ein anderer Wertansatz

---

[176] Vgl. IDW RS HFA 30, Rn. 11; vgl. auch Moxter (1989a), S. 945.

[177] Vgl. Planert (2006), S.41; vgl. auch Ellrot/Riehl (2010), Rn.195; IDW RS HFA 30, Rn. 11.

[178] Vgl. Planert (2006), S.41; vgl. auch Ernst/Naumann (2009), S.79; IDW RS HFA 30, Rn. 1.

[179] Vgl. Ernst/Naumann (2009), S.79; vgl. auch Weinand/ Oldewurtel/ Wolz, (2011) S.165; Thurnes/ Hainz (2009), S.212; IDW RS HFA 30, Rn. 51.

[180] Eine Verordnung über die Ermittlung und Bekanntgabe der Abzinsungssätze für Rückstellungen vom 18.11.2009, BGBl. I 2009, S.3790 f.

[181] Vgl. Weinand/ Oldewurtel/ Wolz (2011), S.164; vgl. auch Kütting/ Kessler/ Keßler (2008), S.351; Ellrot/Riehl (2010), Rn.196.

[182] Vgl. Weinand/ Oldewurtel/ Wolz (2011), S.164; vgl. auch Meier (2009), S.999; Thurnes/ Hainz (2009), S.213.

[183] Vgl. Feld (2003), S.575; vgl. auch Planert (2006), S.42; Thoms-Meyer (1996), S.57.

[184] Vgl. Planert (2006), S.42; vgl. auch Feld (2003), S.575; Thoms-Meyer (1996), S.57.

[185] Vgl. Feld (2003), S.575; vgl. auch Petersen (2002), S.33; Förschle/ Klein (1987), S.342; Kütting/ Kessler/ Keßler (2008), S.350.

gewählt werden,[186] denn der bilanzierende Kaufmann muss berücksichtigen, dass bis zum Eintritt des Versorgungsfalls bestimmte Teile der zugesagten Leistung vom Pensionsanwärter jährlich erdient werden.[187] Deshalb muss die Rückstellung über die aktive Dienstzeit des Versorgungsanwärters verteilt werden[188] und die Mittel über die Aktivitätsperiode ratierlich angesammelt werden. Laut § 253 Abs. 1 Satz 2 HGB hat dieser Werteansatz „nach der vernünftiger kaufmännischen Beurteilung" zu erfolgen, was sich für die praktische Anwendung als äußerst auslegungsbedürftig erweist, deshalb sind an dieser Stelle die GoB heranzuziehen.[189]
Ferner ist es für die Ermittlung der Pensionsverpflichtungshöhe wichtig einige zukunftsbezogene demographische und wirtschaftliche Annahmen über Entwicklungen von Bewertungsparametern (Rechnungsgrundlagen) zu treffen.[190] Bei den demographischen Parametern handelt es sich um die Fluktuationsrate, die Sterblichkeitsrate (sowie Invaliditäts- und Hinterbliebenenrate) und um das Renteneintrittsalter. Unter Fluktuation wird die Wahrscheinlichkeit des Ausscheidens eines Arbeitnehmers vor Eintritt des Versorgungsfalls verstanden.[191] Dabei ist ausschlaggebend ob der Arbeitnehmer das Unternehmen vor oder nach dem Erreichen der Unverfallbarkeit seiner Anwartschaft verlässt.[192] Denn beim Verlassen des Unternehmens vor dem Erreichen der Unverfallbarkeitsgrenze erlöschen jegliche Pensionsansprüche und damit auch die Pensionsverpflichtung.[193] Bei erlangter Unverfallbarkeit dagegen, erhält der Arbeitnehmer einen Anspruch auf den anteiligen Barwert der Versorgungsleistung.[194] Die Fluktuationswahrscheinlichkeit muss grundsätzlich für jedes Unternehmen einzeln errechnet werden, jedoch ist es aufgrund des hohen Aufwandes zulässig Fluktuationsannahmen zu benutzen, die unter Erhebung vieler Unternehmen der gleichen Branche entstanden sind.[195] Des Weiteren hängt die Höhe der Pensionsverpflichtung von der Wahrscheinlichkeit ab, mit der der Versorgungsfall eintritt. Für diese Schätzung notwendige Daten bezüglich des möglichen Todes, Invalidität oder Hinterbliebener können sowohl einzeln für jeden Mitarbeiter errechnet werden wie auch aus den allgemein aner-

---

[186] Vgl. Feld (2003), S.575; vgl. auch Planert (2006), S.47; Förschle/ Klein (1987), S.343.
[187] Vgl. Feld (2003), S.575; vgl. auch Planert (2006), S.42 f.; Thoms-Meyer (1996), S.57, 137.
[188] Vgl. Feld (2003), S.576; vgl. auch Thoms-Meyer (1996), S.57; Ellrot/Riehl (2010), Rn.198.
[189] Vgl. Planert (2006), S.42; vgl. auch Förschle/ Klein (1987), S.342.
[190] Vgl. Gelhausen/Fey/Kämpfer (2009), S.193 Tz.70; vgl. auch Thurnes/Vavra/Geilenkothen (2010), S.2737; Thoms-Meyer (1996), S.61.
[191] Vgl. Planert (2006), S.72; vgl auch Thoms-Meyer (1996), S.113.
[192] Vgl. Planert (2006), S.72; vgl. auch Gelhausen/Fey/Kämpfer (2009), S.195 Tz. 77.
[193] Vgl. Planert (2006), S.72; vgl. auch Thurnes/Vavra/Geilenkothen (2010), S.2741.
[194] Vgl. Planert (2006), S.72; vgl. auch Thurnes/Vavra/Geilenkothen (2010), S.2741.
[195] Vgl. Gelhausen/Fey/Kämpfer (2009), S.195 Tz. 77; vgl. auch Thoms-Meyer (1996), S.118.

kannten Tabellenwerken, wie Richttafeln von Heubeck[196], entnommen werden.[197] Ein weiteres wesentliches Kriterium stellt das Renteneintrittsalter dar,[198] denn dadurch wird die Dauer der Anwartschaft und damit auch die Länge des Finanzierungszeitraums von der Versorgungsleistung bestimmt.[199] Das Pensionierungsalter ist unter Einbeziehung der voraussichtlichen Pensionierungsgewohnheit und der vertraglich festgelegten Altersgrenze sowie der gesetzlichen Bestimmungen festzulegen.[200] Dabei sollte unter Berücksichtigung der Lebenserwartung auch eine Rentenbezugsdauer prognostiziert werden.[201] Auch wirtschaftliche Annahmen über Bewertungsparameter, wie Gehaltstrends und Rechnungszins sollen im Rahmen einer Pensionsrückstellungsbewertung getroffen werden.[202] Wie bereits erwähnt, wird seit BilMoG eine Zinsstrukturkurve zur Diskontierung von langfristigen Rückstellungen von der Bundesbank monatlich vorgegeben. Dabei darf im Falle von Pensionsrückstellungen entsprechend dem Vereinfachungswahlrecht gem. § 253 Abs.2 Satz 2 pauschal eine Restlaufzeit von 15 Jahren angenommen werden und der für diese Restlaufzeit vorgegebene Rechnungszins zur Diskontierung verwendet werden.[203] Diese Möglichkeit der pauschalen Annahme einer Restlaufzeit bringt eine enorme Entlastung für die Unternehmen, denn gäbe es diese Möglichkeit nicht, müsste jede einzelne Verpflichtung mit dem für ihrer Restlaufzeit vorgegebenen Zinssatz diskontiert werden, was einen bedeutenden Mehraufwand bedeuten würde. Allerdings muss diese Vereinfachungsregel auch durchaus kritisch gesehen werden.

III.D.2. Bewertungsverfahren

Grundsätzlich darf jeder Kaufmann selbst ein geeignetes Bewertungsverfahren für die Berechnung der unmittelbaren Pensionsverpflichtungen auswählen, denn es gibt keine gesetzliche Vorschrift, die diese Freiheit durch die Vorgabe eines bestimmten Verfahrens einschränkt.[204] Wenn ein Verfahren aber gewählt wurde, muss dieses stetig und konsistent angewendet werden.[205] Von der Versicherungs-

[196] Die Richttafeln werden aus Beobachtungen in der gesetzlichen Rentenversicherung abgeleitet.
[197] Vgl. Planert (2006), S.71; vgl. auch Ellrot/Riehl (2010), Rn.202; Thoms-Meyer (1996), S.63.
[198] Vgl. Planert (2006), S.73; vgl. auch Thurnes/Vavra/Geilenkothen (2010), S.2741.
[199] Vgl. Planert (2006), S.73; vgl. auch Thoms-Meyer (1996), S.121.
[200] Vgl. Planert (2006), S.73.
[201] Vgl. IDW RS HFA 30, Rn.62.
[202] Vgl. Thaut (2009), S.723; vgl. auch Höfer/ Früh/ Neumeier (2010), S.2518.
[203] Vgl. Meier (2009), S.999; vgl. auch Thurnes/Vavra/Geilenkothen (2010), S.2740; Thaut (2009), S.723.
[204] Vgl. Meier (2009), S.999; vgl. auch Ellrot/Riehl (2010), Rn.198; IDW RS HFA 30, Rn.60.
[205] Vgl. Meier (2009), S.999; vgl. auch Ellrot/Riehl (2010), Rn.198; IDW RS HFA 30, Rn.80.

mathematik werden verschiedene Möglichkeiten für den Aufbau der Rückstellung zur Verfügung gestellt, die sich zunächst in zwei Gruppen, das Ansammlungs- und das Gleichverteilungsverfahren aufteilen lassen.[206] Da diese Verfahren unter weitestgehend identischen Bewertungsparametern zu sehr unterschiedlichen Ergebnissen zum jeweiligen Abschlussstichtag führen können, hat die Auswahl des Bewertungsverfahrens (häufig) einen beträchtlichen Einfluss auf die Höhe der im Abschluss ausgewiesenen Rückstellung.[207] Zunächst sollen drei verschiedenen versicherungsmathematischen Methoden, die für die Bewertung von unmittelbaren Anwartschaften angewendet werden können, vorgestellt werden um im Anschluss die sich ergebenden Differenzen an einem Beispiel zu verdeutlichen.

Dem Anwartschaftsbarwertverfahren als Ansammlungsverfahren wird die Bilanzierung des Barwertes des in der jeweiligen Periode erdienten Pensionsanspruchs, zugrunde gelegt.[208] Dabei gilt die zum Bilanzstichtag erlangte Anwartschaft als vollfinanziert und belastet die späteren Perioden nicht mehr.[209] Die Aufwandsverteilung der Pensionsrückstellungen wird somit durch die im Leistungsplan festgelegte Entwicklung der Anwartschaft bestimmt.[210] Dieses Verfahren steht dem versicherungsmathematischen Verfahren der Einmalprämie gleich.[211] Im später folgenden Beispiel wird exemplarisch für ein Anwartschaftsbarwertverfahren die sog. Projected Unit Credit Methode vorgestellt. Diese wird vor allem in der internationalen Praxis angewendet.

Beim Gleichverteilungsverfahren wird zur Berechnung des Rückstellungsbetrages nach dem versicherungsmathematischen Äquivalenzprinzip verfahren.[212] Dieses fordert eine Gleichheit des Barwertes der rechnungsmäßigen Pensionsleistung und der nach den Sterbetafeln zu erwartende Gegen- bzw. Arbeitsleistung zum jeweiligen Abschlussstichtag.[213] Bei der Anwendung dieses Verfahrens wird ein unternehmensinterner Versicherungsvorgang unterstellt, dabei entrichtet das Unternehmen konstante jährliche Versicherungsprämien an sich selbst womit die Rückstellung aufgebaut wird.[214] Die konstanten jährlichen Prämien werden im Laufe der Anwartschaft angesammelt und es wird eine verzinsliche Anlage

[206] Vgl. Thoms-Meyer (1996), S.138; vgl. auch Planert (2006), S.48.
[207] Vgl. Feld (2003), S.578.
[208] Vgl. Thoms-Meyer (1996), S.138.
[209] Vgl. Thoms-Meyer (1996), S.138; vgl. auch Planert (2006), S.48.
[210] Vgl. Thoms-Meyer (1996), S.138; vgl. auch Planert (2006), S.48.
[211] Vgl. Thoms-Meyer (1996), S.138; vgl. auch Planert (2006), S.48.
[212] Vgl. Planert (2006), S.49; vgl. auch Thoms-Meyer (1996), S.144; Feld (2003), S.578.
[213] Vgl. Thoms-Meyer (1996), S.144; vgl. auch Planert (2006), S.49.
[214] Vgl. Thoms-Meyer (1996), S.144; vgl. auch Planert (2006), S.49; Feld (2003), S.578.

unterstellt, so dass es bis zum Eintritt des Versorgungsfalls zur Deckung der erworbenen Ansprüche kommt.[215] Dabei steht die (fiktive) Versicherungsprämie für die Gegenleistung des Arbeitgebers für die Arbeitsleistung des begünstigten Arbeitnehmers in der jeweiligen Periode.[216] Das Gleichverteilungsverfahren wird weiterhin in das Teilwertverfahren und das Gegenwartswertverfahren unterteilt.[217]

Der wesentliche Unterschied zwischen den zwei Variationen des Gleichverteilungsverfahrens liegt in der unterschiedlichen Finanzierungsdauer der Rückstellung. Das Teilwertverfahren basiert auf einer gleichmäßigen Verteilung des Versorgungsaufwandes auf die gesamte Dienstzeit des Pensionsberechtigten, während für die Gegenwartswertmethode nur der Zeitraum zwischen der Pensionszusage und dem Renteneintritt für die Aufwandsverteilung in Frage kommt.[218] Diese Diskrepanz zwischen den beiden Methoden entsteht jedoch nur wenn die Zeitpunkte des Eintritts des Begünstigten in das Unternehmen und der Pensionszusage von einender abweichen[219] oder wenn die Pensionszusage in späteren Perioden erhöht wird.[220] In diesen Fällen wird beim Teilwertverfahren eine Einmalrückstellung gebildet und der Mehraufwand dadurch auch den vergangenen Perioden zugerechnet.[221] Das Gegenwartswertverfahren behandelt jede Erhöhung der Versorgungsleistung wie eine neue Pensionszusage und verteilt den Aufwand somit nur auf die folgenden Perioden.[222]

Nachfolgend sollen die Unterschiede zwischen den drei erläuterten Verfahren bei dem Aufbau der Rückstellung anhand eines vereinfachten Beispiels[223] dargestellt werden um die sich daraus ergebenden Probleme im Anschluss zu diskutieren. Folgender Sachverhalt wird angenommen: Einem 45-jährigen Arbeitnehmer, der am 01.01.2005 in das Unternehmen eingetreten ist, wird am 01.01.2010 eine unmittelbar Rentenzusage erteilt. Diese sieht vor, dass der Begünstigte ab seinem altersbedingten Ausscheiden aus dem Unternehmen am 01.01.2025, eine jährlich vorschüssig zahlbare und auf 10 Jahre begrenzte Rente erhält. Die Rente errechnet sich durch Multiplikation des voraussichtlich letzten Jahresgehalts mit einem von der Dienstzeit abhängigen Prozentsatz sowie mit der Anzahl der Dienstjahre, auf

[215] Vgl. Planert (2006), S.49-50; vgl. auch Thoms-Meyer (1996), S.144.
[216] Vgl. Thoms-Meyer (1996), S.144.
[217] Vgl. Planert (2006), S.50; vgl. auch Thoms-Meyer (1996), S.147.
[218] Vgl. Planert (2006), S.50; vgl. auch Thoms-Meyer (1996), S.147-148.
[219] Vgl. Thoms-Meyer (1996), S.148; vgl. auch Feld (2003), S.579.
[220] Vgl. Planert (2006), S.50.
[221] Vgl. Planert (2006), S.50.
[222] Vgl. Planert (2006), S.50; vgl. auch Thoms-Meyer (1996), S.150-151.
[223] Das Beispiel wird in Anlehnung an Feld (2003), S.642-648 aufgebaut.

die der jeweilige Prozentsatz angewendet wird. Die anzuwendenden Prozentsätze sind folgendermaßen gestaffelt: 1,0 % für die ersten fünf Dienstjahre, 1,5% für die nächsten zehn Dienstjahre und 2,0% für alle folgenden Jahre. Das letzte Jahresgehalt wird unter Berücksichtigung einer voraussichtlichen Gehaltssteigerung von 3% p.a. und einem Gehalt von € 66.112 im Jahre 2010 errechnet. Ferner werden aus Vergleichbarkeitsgründen für alle Verfahren identische Bewertungsparameter unterstellt. Dafür wird ein einheitlicher und konstanter Rechnungszins von 5% angenommen und es wird auf die Beachtung der versicherungsmathematischen Variablen – insbesondere die Wahrscheinlichkeit, dass der begünstigte Arbeitnehmer vor dem Eintritt des Versorgungsfalls oder während der Rentenbezugszeit verstirbt oder vor Renteneintritt das Unternehmen verlässt – verzichtet. Demzufolge lässt sich ein Endgehalt von € 100 000 berechnen, woraus sich eine Jahresrente von € 30 000 ergibt.[224] Für diese Pensionsverpflichtung wird im Zusagezeitpunkt eine Rückstellung gebildet. Dafür wird zunächst der gesamte Versorgungsaufwand berechnet, in dem alle zehn zu leistenden Jahresrenten auf den Beginn der Rentenzahlungen, also auf den 31.12.2024, diskontiert werden.[225] Dabei entspricht der Barwert der Altersrente zum 31.12.2024 nach allen Bewertungsmethoden der zu erreichenden Rückstellungshöhe.

Wie bereits erläutert wird dem Teilwertverfahren eine gleichmäßige Verteilung des Versorgungsaufwands auf die gesamte Dienstzeit zugrundegelegt. Deshalb wird zunächst der diskontierte Barwert der künftigen Rentenzahlungen zum 01.01.2005 berechnet. Dieser beträgt € 91.673 und entspricht aufgrund des versicherungsmathematischen Äquivalenzprinzips einer jährlichen *konstanten* (fiktiven) Versicherungsprämie von € 7.356,08. Diese wäre unter der Annahme, dass die Pensionszusage bereits bei Diensteintritt erteilt wurde, jährlich über 20 Jahre zur Finanzierung der Versorgungsverpflichtung aufzubringen. Der Teilwert der Versorgungsverpflichtung, der jährlich errechnet werden muss, ergibt sich aus der Differenz aus dem Barwert der Versorgungsverpflichtung zum jeweiligen Abschlussstichtag und dem Barwert der zu diesem Zeitpunkt noch ausstehenden zukünftigen Versicherungsprämien.

---

[224] Die Gehaltsentwicklung ist im Anhang geschildert Tabelle 8.
[225] Die Entwicklung der Barwerte der Altersrente wird im Anhang geschildert Tabelle 9.

Zeitpunkt	Barwert der Altersrente	Barwert der künftigen Versicherungsprämien	Teilwert
01.01.2005	91.673,09	91.673,09	0
31.12.2005	96.256,74	88.900,66	7.356,09
31.12.2006	101.069,58	85.989,61	15.079,98
⋮	⋮	⋮	⋮
31.12.2009	117.000,67	76.353,66	40.647,02
31.12.2010	122.850,71	72.815,25	50.035,46
⋮	⋮	⋮	⋮
31.12.2022	220.622,22	13.677,98	206.944,24
31.12.2023	231.653,33	7.005,80	224.647,54
31.12.2024	243.236,00	0	243.236,00

Tabelle 1: Berechnung der Teilwerte[226]

Aus dieser Übersicht der Teilwerte wird deutlich, dass der Begünstigte Arbeitnehmer bis zu Zusagezeitpunkt bereits einen Teilwert von der Versorgungsleistung in Höhe von 40.647 erdient hat. Deshalb muss eine einmalige Zuführung in dieser Höhe erfolgen. Dementsprechend entwickelt sich die Rückstellung ab dem Zeitpunkt ihrer erstmaligen Bildung im Zusagejahr bis zum Eintritt des Versorgungsaufwands wie folgt:

Jahr	Anfangsbestand	Zuführungsbeträge			Endbestand
		Aperiodischer Dienstzeitaufwand	Zins aufwand	Periodischer Dienstzeitaufwand	
2010	0	40.647,02	2.032,35	7.356,00	50.035,37
2011	50.035,37	0	2.501,77	7.356,00	59.893,14
⋮	⋮	⋮	⋮	⋮	⋮
2022	190.082,59	0	9.504,13	7.356,00	206.942,72
2023	206.942,72	0	10.347,14	7.356,00	224.645,85
2024	224.645,85	0	11.232,29	7.356,00	243.234,15

Tabelle 2: Rückstellung unter Anwendung des Teilwertverfahrens[227]

Die Rückstellung errechnet sich nach dem Gegenwartswertverfahren analog zum Teilwertverfahren, nämlich durch Abzug des Barwerts der fiktiven konstanten Versicherungsprämien vom Barwert der der Versorgungsverpflichtung. Dabei liegt der wesentliche Unterschied zwischen den beiden Verfahren in der unterschiedlichen Finanzierungsdauer, denn unterstellt man beim Teilwertverfahren den Diensteintritt also den 01.01.2005 als Finanzierungsbeginn, so wird beim

[226] Vollständige Ansicht dieser Tabelle befindet sich im Anhang Tabelle 10.
[227] Vollständige Ansicht dieser Tabelle befindet sich im Anhang Tabelle 11.

Gegenwartswertverfahren der Zusagezeitpunkt als der für den Beginn der Ansammlung relevante Zeitpunkt angesehen. Dies führt zu einer kürzeren Finanzierungsdauer, die Rückstellung wird nun über 15 Jahre angesammelt. Deshalb ergeben sich konsequenterweise höhere jährliche Versicherungsprämien. Der auf den 01.01.2010 diskontierte Barwert der künftigen Rentenzahlungen beträgt 117.001 Euro woraus sich eine konstante Versicherungsprämie von € 11.272,11 p.a. ergibt.

Zeitpunkt	Barwert der Altersrente	Barwert der künftigen Versicherungsprämien	Gegenwarts-wert
01.01.2010	117.000,67	117.000,67	0
31.12.2010	122.850,71	111.578,60	11.272,11
31.12.2011	128.993,24	105.885,41	23.107,83
⋮	⋮	⋮	⋮
31.12.2023	231.653,33	10.735,3	220.917,99
31.12.2024	243.236,00	0	243.236,00

Tabelle 3: Entwicklung der Gegenwartswerte[228]

Aufgrund der Vorgehensweise beim Gegenwartswertverfahren muss keine Nachholung von aperiodischem Dienstzeitaufwand für den Zeitraum zwischen dem Eintritt in das Unternehmen und der Pensionszusage. Deshalb wird bei der folgenden Darstellung auf die Darstellung dieser Zuführungen, die eine Höhe von Null hätten, verzichtet.

Jahr	Anfangsbestand	Zuführungsbeträge		Endbestand
		Zinsaufwand	Periodischer Dienstzeitaufwand	
2010	0	0	11.272,00	11.272,00
2011	11.272,00	563,60	11.272,00	23.107,60
⋮	⋮	⋮	⋮	⋮
2022	179.417,85	8.970,89	11.272,00	199.660,74
2023	199.660,74	9.983,04	11.272,00	220.915,78
2024	220.915,78	11.045,79	11.272,00	243.233,57

Tabelle 4: Rückstellung unter der Anwendung des Gegenwartswertverfahrens[229]

Wie zuvor beschrieben findet die Tatsache, dass der Arbeitnehmer den Versorgungsanspruch sukzessive erdient, sowohl im Teilwertverfahren wie auch im Gegenwartswertverfahren Berücksichtigung, indem der Barwert der vollen Anwartschaft um den Barwert der der bis zum Eintritt des Versorgungsfalls noch

[228] Vollständige Ansicht dieser Tabelle befindet sich im Anhang Tabelle 12.
[229] Vollständige Ansicht dieser Tabelle befindet sich im Anhang Tabelle 13.

aufzubringenden fiktiven Versicherungsprämien gekürzt wird. Nun soll die Projected Unit Credit Methode als Ansammlungsverfahren anhand des gleichen Beispiels vorgestellt werden. Für die Rückstellungsbewertung unter Anwendung dieser Methode sind nur die bis zum Abschlussstichtag erworbenen Teilansprüche relevant (Anwartschaftsbarwert). Somit bleiben die erwarteten Arbeitsleistungen der künftigen Perioden unberücksichtigt. Die bis zum jeweiligen Abschlussstichtag erworbenen kumulierten Ansprüche werden aus der Tabelle 14 im Anhang ersichtlich.

Für die Entwicklung der Rückstellung ist anzumerken, dass der periodische Dienstzeitaufwand nicht konstant bleibt, wie in den zuvor beschriebenen Verfahren, sondern zum Zeitpunkt des Renteneintritts ansteigt. Dies resultiert aus der Tatsache, dass die Abzinsung der zum jeweiligen Stichtag erdienten Teilansprüche mit jedem Jahr über einen kürzeren Zeitraum erfolgt. Außerdem steigen in dem vorliegenden Beispiel die Versorgungsleistungen in Abhängigkeit von der Dienstzeit (sog. *backloading*), was diesen Effekt verstärkt. Dies wird in der folgenden Darstellung deutlich.

		Zuführungsbeträge			
Jahr	**Anfangs-bestand**	**Aperiodischer Dienst-zeit-aufwand**	**Zinsaufwand**	**Periodischer Dienstzeit-aufwand**	**Endbe-stand**
2010	0	19.500,18	975,01	6.142,52	26.617,71
2011	26.617,71	0	1.330,89	6.449,65	34.398,24
⋮	⋮	⋮	⋮	⋮	⋮
2022	168.092,94	0	8.404,65	14.708,12	191.205,70
2023	191.205,70	0	9.560,29	15.443,52	216.209,51
2024	216.209,51	0	10.810,48	16.215,70	243.235,68

Tabelle 5: Rückstellung unter Anwendung der PuC Methode[230]

Bereits jetzt fällt auf, wie unterschiedlich die Rückstellungen der jeweiligen Perioden unter Anwendung der drei vorgestellten Bewertungsverfahren ausfallen. Die nachfolgende Darstellung soll die Differenzen nochmals verdeutlichen.

[230] Vollständige Ansicht dieser Tabelle befindet sich im Anhang Tabelle 15.

Abschluss-stichtag	Teilwertverfahren	Gegenwarts-wertverfahren	PuC Methode
31.12.2010	50.035,37	11.272,00	26.617,71
31.12.2011	59.893,14	23.107,60	34.398,24
31.12.2012	70.243,79	35.534,98	42.890,28
⋮	⋮	⋮	⋮
31.12.2021	190.082,59	179.417,85	168.092,94
31.12.2022	206.942,72	199.660,74	191.205,70
31.12.2023	224.645,85	220.915,78	216.209,51
31.12.2024	243.234,15	243.233,57	243.235,68

Tabelle 6: Gegenüberstellung der Rückstellungsansammlung[231]

Die Gegenüberstellung verdeutlicht, dass selbst unter Verwendung identischer Bewertungsparameter die Rückstellungshöhe erheblich variiert, was allein aus dem angewendeten Bewertungsverfahren resultiert.

III.E. Kritische Würdigung

Nachfolgend werden einige beschriebene Sachverhalte nochmals aufgegriffen. Dabei wird die Anwendungen der beschrieben Regelungen für die Bilanzierung von Pensionsverpflichtungen auf die Konformität mit den Grundsätzen ordnungsmäßiger Buchführung geprüft und kritisch gewürdigt.

Zuerst soll auf die gesetzliche Unterscheidung zwischen Neu- und Altzusagen bei den unmittelbaren Pensionsverpflichtungen und allgemein auf das gesetzlich gewährte Passivierungswahlrech eingegangen werden. Dieses wird auch in der Literatur kritisch gesehen, denn wie im Kap. III B beschrieben, erfüllen die Pensionsverpflichtungen alle Kriterien einer ungewissen Verbindlichkeit und unterliegen einer allgemeinen Passivierungspflicht. Somit wird mit der unterlassenen Passivierung von Altzusagen und Fehlbeträgen aus mittelbaren Verpflichtungen das Vollständigkeitsgebot gem. § 246 HGB gebrochen, was bei enger Betrachtung der Aufgabe der Handelsbilanz, einen vorsichtig ermittelten ausschüttbaren Umsatzgewinn zu ermitteln zu wider läuft und zu einer unrichtigen Darstellung der Vermögenslage des Unternehmens führt. Durch die zusätzlichen Angaben im Anhang wird dieser Verstoß weder behoben noch ausgeglichen.[232]

---

[231] Vollständige Ansicht dieser Tabelle befindet sich im Anhang Tabelle 16, außerdem stellt Abbildung 1 die Unterschiede zwischen den Bewertungsmethoden grafisch dar.

[232] Vgl. Planert (2006), S.37.

Weiter oben wurde erläutert mit welchem Zinssatz die Pensionsverpflichtungen abgezinst werden sollen. Dabei ist die Tatsache der Abzinsung an sich nicht unbestritten. Abzinsungsgegner argumentieren mit dem Realisationsprinzip. Denn dieses sehen sie durch den Ausweis unrealisierter Erträge als gebrochen.[233] Nach Auffassung Moxters dagegen bestehen die jährlichen Zahlungen bei Rentenverpflichtungen aus „anteiligem Rückzahlungsbetrag (Tilgungsbetrag) und Zinsbetrag"[234]. Dies lässt sich aus dem Entgeltcharakter der Pensionsleistung herleiten, denn diese Leistung wird als verzögerter Lohn angesehen, der Arbeitnehmer verzichtet also auf einen Teil seines gegenwärtigen Lohnes zugunsten der Pensionsleistung, möchte aber auch für die Verzögerung entlohnt werden. Damit wird klar, dass der Arbeitnehmer zusätzlich zu seiner Arbeitsleistung auch eine Kreditleistung erbringt.[235] Diese Sichtweise der Rentenzahlungen macht deutlich, dass gerade die Diskontierung der Pensionsverpflichtungen im Einklang mit dem Realisationsprinzip steht, denn würde man die Pensionsrückstellungen undiskontiert passivieren, wären auch zukünftige Zinszahlungen passiviert, dies bedeutet aber ein Verstoß gegen das Realisationsprinzip.[236] Künftige Zinszahlungen sind, wie erläutert, als eine Art Preis der Zeit oder Entlohnung für dem Arbeitgeber überlassenes Kapital anzusehen. Dieses Kapital alimentiert zukünftige Erträge und somit sind die Zinszahlungen den erwarteten zukünftigen Erträgen als Aufwand gegenüberzustellen.[237]

Des Weiteren stößt auch die Einbeziehung von Gehalts- und Rententrends in die Bewertung von Pensionsverpflichtungen nicht auf einwandfreies Einverständnis. Denn hierbei stellt sich die Frage, wie die Preisverhältnisse und Entwicklungen bestimmt werden sollen. Im Falle von Pensionsverpflichtungen liegen (sehr) langfristige Verbindlichkeiten vor, so dass es sich als problematisch erweist eindeutige Aussagen über die zu berücksichtigenden Trends zu treffen. Der Begriff des Erfüllungsbetrags, zu dem die Pensionsverpflichtungen angesetzt werden müssen, sieht aber die Beachtung solcher Trends vor. Diese haben vor allem für Pensionszusagen, deren Höhe vom letzten Gehalt vor Renteneintritt abhängig ist, eine große Bedeutung. Begründen kann man die Einbeziehung von Trends auch mit dem Imparitätsprinzip. Dieses verlustantizipierende Prinzip

---

[233] Vgl. Leffson (1987), S.295-296; vgl. auch Planert (2006), S.63.
[234] Vgl. Moxter (1984b), S.403.
[235] Vgl. Planert (2006), S.65.
[236] Vgl. Moxter (1984b), S.403.
[237] Vgl. Moxter (1984b), S.403.

verlangt im engeren Sinne eine Ungleichbehandlung zwischen positiven und negativen Erträgen, dafür sollen alle vorhersehbaren Verluste und Risiken, die zum Abschlussstichtag entstanden oder zum Zeitpunkt der Bilanzaufstellung bekannt sind, berücksichtigt werden.[238] Deshalb sollen auch zu jedem Stichtag die Trends neu bedacht und bei der Rückstellungsbildung miteinbezogen werden, denn diese stellen mögliche Risiken und Verluste dar.[239] Dabei muss aber unter Einbeziehung des Abschlussstichtagsprinzips, welches die imparitätische Verlustantizipation einschränkt, festgestellt werden, welche Wertverhältnisse einer solchen Betrachtung zugrundegelegt werden dürfen. Dem Abschlussstichtagsprinzip (§ 252 Abs.1 Nr.3 i.V.m. § 252 Abs.1 Nr.4 HGB) ist zu entnehmen, dass nur wertaufhellende Tatsachen bei der Bilanzaufstellung berücksichtigt werden sollten.[240] Vom bilanzierenden Kaufmann wird also verlangt, dass er nur solche Trends berücksichtigt, die er am Bilanzstichtag aufgrund hinreichend objektivierter Annahmen, z.B. vorliegende Tarifverträge, begründen kann.[241] Trotzdem kann die Berücksichtigung von Trends aufgrund vom Imparitätsprinzips nicht gänzlich mit dem Abschlussstichtagsprinzip als Objektivierungsprinzip vereinbart werden.[242]

Nun soll auf die unterschiedlichen Möglichkeiten der Rückstellungsansammlung durch die vorgestellten Bewertungsverfahren eingegangen werden und diese darauf überprüft werden ob sie im Einklang mit den GoB stehen. Wie bereits beschrieben, kommt es beim Teilwertverfahren und Gegenwartswertverfahren nur zu Differenzen, wenn der Zeitpunkt des Eintritts des Begünstigten in das Unternehmen und der Pensionszusagezeitpunkt auseinender fallen oder, wenn es spätere Erhöhungen oder Kürzungen der Pensionszusage gibt. Sonst kommen beide Gleichverteilungsverfahren zum gleichen Ergebnis. Indes basiert die Abweichung zwischen den beiden Verfahren auf einer unterschiedlichen Sichtweiseauf die Aufwandsverteilung.[243] Dabei geht es darum ob der Aufwand nur den zukünftigen oder auch den vergangenen Perioden zugerechnet werden kann oder zugerechnet werden soll. Bei der Anwendung des Teilwertverfahrens wird zugrunde gelegt, dass eine Pensionszusage eine Vergütung der zukünftigen aber auch der vergangenen Perioden bewirkt. Demnach wird im Zusagezeitpunkt eine Einmalrückstellung gebildet, die den Aufwand, der die Vergütung der Dienstjahre

[238] Vgl. Planert (2006), S.75-76.
[239] Vgl. Planert (2006), S.78.
[240] Vgl. Moxter (1999), S.256.
[241] Vgl. Planert (2006), S.77, auch 84.
[242] Vgl. Planert (2006), S.84
[243] Vgl. Planert (2006), S.78.

zwischen dem Diensteintritt und der Zusage abbildet, rechtfertigt. Beim Gegenwartswertverfahren geht man dagegen davon aus, dass nur die Dienstjahre nach der Pensionszusage entlohnt werden sollten. Dementsprechend wird der Versorgungsaufwand lediglich über die Anwartschaftsphase verteilt. Erhöhungen der Pensionszusage werden unter Anwendung dieses Verfahrens wie Neuzusagen behandelt. Es lässt sich auch unter Einbeziehung des Realisationsprinzips keine klare Vorrangigkeit eines der Verfahren ableiten. Das Realisationsprinzip besagt, dass künftige Aufwendungen nicht durch künftige Umsätze gedeckt werden können, „wenn sie bereits realisierten Umsätzen zugerechnet werden müssen."[244] Unterstellt man, dass sich eine Pensionszusage auf die gesamte Dienstzeit bezieht, also auch auf die Dienstjahre, die bereits vor der Zusage abgeleistet wurden, muss dem Realisationsprinzip folgend, zwingend das Teilwertverfahren angewendet werden. Denn unter solch einer Annahmemüssen die Aufwendungen, die den vorangegangenen Jahren zuzurechnen sind, durch eine Einmalrückstellung nachgeholt werden, weil die Umsätze oder Erträge denen diese Aufwendungen gegenüberstehen wurden bereits realisiert. Allerdings sieht der Sachverhalt anders aus, wenn man einer erteilten Pensionszusage nur die Entlohnung der künftigen Arbeitsleistung unterstellt. Diese wird dann als eine Art Anreiz für den nun begünstigten Arbeitnehmer zur zukünftigen Mehrleistung gesehen. Offensichtlich wäre unter solch einer Annahme das Gegenwartswertverfahren vorzuziehen, denn die Anwendung von diesem würde eine Aufwandsverteilung sicherstellen, die dem Realisationsprinzip gerecht wird. Somit liefert die Betrachtung der Methoden auf der Grundlage des Realisationsprinzips keine eindeutige Antwort auf die Frage nach der Vorrangigkeit eines der Verfahren, allerdings wird die Zulässigkeit beider bestätigt. Offensichtlich hängt die Wahl der richtigen Bewertungsmethode von der vertraglichen Ausgestaltung der Pensionszusage und davon, wie der Entgeltcharkter in dieser definiert ist, ab. Wenn man sich vertraglich auf die gesamte Dienstzeit bezieht ist eindeutig das Teilwertverfahren zu wählen, wenn man mit der Pensionszusage nur die Entlohnung künftiger Jahre in Aussicht stellt ist die Anwendung des Gegenwartswertverfahrens empfehlenswert. Das hieße aber, dass die Bilanzierung von Pensionsverpflichtungen gänzlich in der Hand des Kaufmans liegt, weil dieser über die vertragliche Ausgestaltung der Pensionszusage entscheidet. Dieser Tatsache sind durch die Unverfallbarkeitsregelung gewisse Grenzen gesetzt. Gem. § 2 Abs. 1 BetrAVG soll sich der unverfallbare Anspruch als quotierter Barwert

[244] Vgl. Moxter (2003) S.54.

der künftigen Versorgungsleistung aus dem Verhältnis der bereits geleisteten Dienstjahre zur gesamten Dienstzeit bis zum Renteneintritt ergeben. Somit sieht der Gesetzgeber die versprochene Versorgungsleistung als eine Entlohnung für die gesamte Dienstzeit wobei der Zeitpunkt der Zusage für den Entgeltcharakter nicht maßgeblich ist.[245] Daraus resultiert, dass das Teilwertverfahren zu einer richtigen Berechnung des unverfallbaren Anspruchs zum jeweiligen Stichtag führt und deshalb als adäquater anzusehen ist.[246]

Nachfolgend soll das Teilwertverfahren dem im Beispiel vorgestellten Anwartschaftsbarwertverfahren (ABV) als Ansammlungsverfahren gegenübergestellt werden. Das ABV berücksichtigt bei der Verteilung des Versorgungsaufwandes im Gegensatz zum Teilwertverfahren nicht die zukünftigen Dienstjahre des Begünstigten, sondern nur den im jeweiligen Dienstjahr erworbenen Anspruch. Somit beinhaltet die Rückstellung zum jeweiligen Abschlussstichtag den Barwert der Versorgungsleistung, den der Begünstigte bis zu diesem Zeitpunkt sicher erdient hat. In dem vorgestellten Beispiel wurden zudem die letzten Dienstjahre durch die Rentenformel stärker gewichtet, was zu einer höheren Rückstellung in der finalen Phase der Anwartschaft führt und eine Verlagerung des Aufwandes in die letzten Perioden bewirkt. Das so genannte *backloading* wird vor allem in der internationalen Praxis gerne eingesetzt. Aufgrund des *backloading* und des Grundprinzips des Anwartschaftsbarwertverfahrens kommt es dazu, dass die Rückstellungen während der gesamten Finanzierungsdauer bis zum Renteneintritt niedriger ausfallen als bei dem Teilwertverfahren. Zum Zeitpunkt des Renteneintritts ist die Rückstellungshöhe nach beiden Verfahren gleich. Die Konzeption des ABV liefert also eine verursachungsgerechte Aufwandsverteilung, denn zu jedem Abschlussstichtag erfolgt nur die Belastung mit dem Aufwand, der dem jeweiligen Jahr zuzurechnen ist.[247] Womit auch ein vollständiger Schuldenausweis gewährleistet ist, denn die Versorgungsverpflichtung besteht nach diesem Verfahren nur für bereits erbrachte Gegenleistung. Außerdem ist anzumerken, dass dieses Verfahren eine sachgerechtere Verfahrensweise mit Zusageerhöhungen aufweist, denn diese werden nur über die noch verbleibende Dienstzeit verteilt. Beim Teilwertverfahren dagegen beeinflussen spätere Leistungserhöhungen auch vergangene Arbeitsjahre des Begünstigten, was in Form von Einmalrückstellungen passiert. Solche Erhöhungen beziehen sich aber in der Regel nur auf die in der

---

[245] Vgl. Thoms-Meyer (1996), S.152; vgl. auch Planert (2006), S.54.
[246] Vgl. Planert (2006), S.54.
[247] Vgl. Petersen (2002), S.42

Zukunft zu leistende Arbeit, womit ein Widerspruch zwischen der rückwirkenden Aufwandsverteilung du dem Charakter der Zusageerhöhung entsteht. Damit verstößt das Teilwertverfahren offenkundig gegen Grundsatz der Periodengerechten Aufwandsverteilung. Das ABV richtet sich bei einer Erhöhung einfach nach dem neuen Leistungsplan, wonach die späteren Dienstjahre besser entlohnt werden als die vergangenen. Als ein weiterer Kritikpunkt an dem ABV wird in der Literatur ein vermeintlicher Verstoß gegen den Grundsatz der Unternehmensfortführung (§ 252 Abs.1 Nr.2) angesehen. Dieser Grundsatz verlangt bezüglich der Bewertung von Verbindlichkeiten, aber nur, dass im Laufe einer fortlaufenden Geschäftstätigkeit eine planmäßige Verpflichtungserfüllung erfolgt, was aus dem angenommenen fortlaufenden Dienstverhältnis mit dem Begünstigen auch resultiert.[248]

Zusammenfassend lässt sich feststellen, dass die Wahl des Bewertungsverfahrens von der Ausgestaltung der Pensionszusage abhängen sollte, wobei der darin festgestellte Entgeltcharakter zu beachten ist. Denn bei einer Zusage, die auf der gesamte Arbeitstätigkeit des Pensionsanwärters basiert oder zumindest auf solche Bezug nimmt, ist auch die gesamte Betriebstreue zu entlohnen und das Teilwertverfahren zu wählen. Das ABV würde einem solchen Sachverhalt nichtgerecht werden. Bei Pensionszusagen, die Bezug auf bestimmte jährliche Leistungsbausteine nehmen, oder auf Gehaltsumwandlungen basieren, ist die Anwendung des ABV als zuverlässig anzusehen.[249]

---

[248] Vgl. Petersen (2002), S.42

[249] Vgl. für diesen Absatz Planert (2006), S.58-59.

IV. Thesenförmige Zusammenfassung

1. Der vorrangige Zweck der Handelsbilanz besteht in der vorsichtigen Ermittlung eines ausschüttbaren Gewinns. Dieses Ziel soll von jedem Kaufmann unter Einbeziehung von GoB verfolgt werden. Die GoB bilden ein offenes System von Prinzipien, die im Falle von neuen Erkenntnissen veränderbar bleiben. Von großer Bedeutung sind dabei das Realisations- und das Imparitätsprinzip, denn diese konkretisieren das Vorsichtsprinzip.

2. Pensionsverpflichtungen sind sowohl im Handles- wie auch im Steuerrecht nicht definiert und werden mit dem Begriff der betrieblichen Altersversorgung synonym verwendet. Bei der bAV liegen gem. § 1 Abs. 1 BetrAVG Leistungen der Alters-, Invaliditäts- oder Hinterbliebenenversorgung, die ein Arbeitgeber einem Arbeitnehmer „aus Anlass seines Arbeitsverhältnisses" zusagt, vor. Dem Arbeitgeber bitten sich vielzählige Wege die Pensionsverpflichtung abzuwickeln. Wobei die Wahl für die eine oder die andere Möglichkeit die Bilanzierung der Verpflichtung nachhaltig beeinflussen.

3. Pensionsverpflichtungen stellen nachweislich ungewisse Verbindlichkeiten vorliegen dar, für die eine generelle Passivierungspflicht besteht. Gem. § 249 Abs.1 HGB sollen ungewisse Verbindlichkeiten als Rückstellungen in der Bilanz passiviert werden. Allerdings findet das Passivierungsgebot eine Durchbrechung im Art.28 EGHGB. Darin gewährt der Gesetzgeber dem bilanzierenden Kaufmann durch eine Sonderregel ein Passivierungswahlrecht für bestimmte Arten von Pensionsverpflichtungen und zwar für mittelbare Pensionszusagen, ähnliche mittelbare und unmittelbare Verpflichtungen und für Altzusagen angewendet.

4. Die Bewertung von Pensionsverpflichtungen wird wie die Bewertung von Verbindlichkeiten von allgemeinen GoB geregelt. Diese soll sich nach § 253 HGB richten. Darin wird festgelegt, dass Rückstellungen nur zu dem Betrag anzusetzen sind, „der nach vernünftiger kaufmännischer Beurteilung notwendig ist", des Weiteren sollen Pensionsrückstellungen zum Erfüllungsbetrag bewertet werden. Dieser Begriff durch das BilMoG eingeführt und er stellt klar, dass künftige Preis- und Kostensteigerungen mit Hilfe von Trendannahmen zwingend bei der Rückstellungsbewertung zu berücksichtigen sind.

5. Rückstellungen mit einer Restlaufzeit von mehr als einem Jahr müssen gem. § 253 Abs.2 Satz 1 HGB abgezinst werden. Der Zinssatz dafür wird als ein restlaufzeitabhängiger durchschnittlicher Marktzinssatz der vergangenen sieben Jahre von

der Deutschen Bundesbank ermittelt und monatlich veröffentlicht. Dabei ist die Diskontierung von Rückstellungen und insbesondere von Pensionsverpflichtungen nicht unbestritten.

6. Gesetzlich ist kein Bewertungsverfahren für die Berechnung der unmittelbaren Pensionsverpflichtungen vorgeschrieben, so dass eines vom Kaufmann frei gewählt werden darf. Es gibt eine Reihe von versicherungsmathematischen Verfahren, die angewandt werden. Diese teilen sich zunächst in zwei Gruppen, das Ansammlungs- und das Gleichverteilungsverfahren. Diese Verfahren können unter weitestgehend identischen Bewertungsparametern zu sehr unterschiedlichen Ergebnissen zum jeweiligen Abschlussstichtag führen. Folglich hat die Auswahl des Bewertungsverfahrens einen beträchtlichen Einfluss auf die im Abschluss ausgewiesene Rückstellungshöhe.

Anhang

Unternehmen	Bilanzsumme in Mio	Pensions-rückstellungen	Verhältnis Prozentual
Bayer 2008	52.511	6.347	12,087
Bayer 2009	51.042	6.517	12,768
Bayer 2010	51.506	7.305	14,183
BMW AG 2008	23.316	3.791	16,259
BMW AG 2009	24.647	4.586	18,607
BMW AG 2010	24.346	24	0,099
Siemens 2008	94.463	4.361	4,617
Siemens 2009	94.926	5.938	6,255
Lufthansa (Konzern) 2008	22.408	2.400	10,710
Lufthansa (Konzern) 2009	26.392	2.710	10,268
Lufthansa (Konzern) 2010	29.320	2.571	8,769
Daimler (Konzern) 2008	132.225	4.140	3,131
Daimler (Konzern) 2009	128.821	4.082	3,169
Daimler (Konzern) 2010	135.830	4.329	3,187

Tabelle 7: Verhältnis der Pensionsrückstellungen zur Bilanzsumme (eigene Darstellung)

Die Werte für diese Darstellung stammen aus den jeweiligen Bilanzen der genannten Unternehmen aus dem Jahre 2009 und teilweise 2010.

Zeitpunkt	Jahresgehalt (Steigerung 3%p.a.)	bei 20 Jahren Dienstzeit
31.12.2010	66.112,00	19.833,60
31.12.2011	68.095,36	20.428,61
31.12.2012	70.138,22	21.041,47
31.12.2013	72.242,37	21.672,71
31.12.2014	74.409,64	22.322,89
31.12.2015	76.641,93	22.992,58
31.12.2016	78.941,19	23.682,36
31.12.2017	81.309,42	24.392,83
31.12.2018	83.748,70	25.124,61
31.12.2019	86.261,16	25.878,35
31.12.2020	88.849,00	26.654,70
31.12.2021	91.514,47	27.454,34
31.12.2022	94.259,90	28.277,97
31.12.2023	97.087,70	29.126,31
31.12.2024	100.000,33	30.000,10

Tabelle 8: Entwicklung des Jahresgehaltes und der versprochenen Rente

Zehn Jahresrenten	Zugesagte Rente
01.01.2025	30.000,10
01.01.2026	28.571,52
01.01.2027	27.210,97
01.01.2028	25.915,21
01.01.2029	24.681,16
01.01.2030	23.505,86
01.01.2031	22.386,54
01.01.2032	21.320,51
01.01.2033	20.305,25
01.01.2034	19.338,33
Barwert per 31.12.2024	**243.235,46**

Tabelle 9: Barwert der Altersrente zum 31.12.2004

Zeitpunkt	Barwert der Altersrente	Barwert der künftigen Versicherungsprämien	Teilwert
01.01.2005	91.673,09	91.673,09	0
31.12.2005	96.256,74	88.900,66	7.356,09
31.12.2006	101.069,58	85.989,61	15.079,98
31.12.2007	106.123,06	82.933,00	23.190,06
31.12.2008	111.429,21	79.723,56	31.705,65
31.12.2009	117.000,67	76.353,66	40.647,02
31.12.2010	122.850,71	72.815,25	50.035,46
31.12.2011	128.993,24	69.099,93	59.893,31
31.12.2012	135.442,91	65.198,84	70.244,07
31.12.2013	142.215,05	61.102,70	81.112,35
31.12.2014	149.325,80	56.801,75	92.524,06
31.12.2015	156.792,09	52.285,75	104.506,35
31.12.2016	164.631,70	47.543,95	117.087,75
31.12.2017	172.863,28	42.565,06	130.298,22
31.12.2018	181.506,45	37.337,23	144.169,22
31.12.2019	190.581,77	31.848,00	158.733,77
31.12.2020	200.110,86	26.084,32	174.026,54
31.12.2021	210.116,40	20.032,45	190.083,96
31.12.2022	220.622,22	13.677,98	206.944,24
31.12.2023	231.653,33	7.005,80	224.647,54
31.12.2024	243.236,00	-	243.236,00

Tabelle 10: Berechnung der Teilwerte (Teilwertverfahren)

Jahr	Anfangs-bestand	Zuführungsbeträge			Endbestand
		Aperiodi-scher Dienst-zeit-aufwand	Zinsauf-wand	Periodi-scher Dienstzeit-aufwand	
2010	0	40.647,02	2.032,35	7.356,00	50.035,37
2011	50.035,37	0	2.501,77	7.356,00	59.893,14
2012	59.893,14	0	2.994,66	7.356,00	70.243,79
2013	70.243,79	0	3.512,19	7.356,00	81.111,98
2014	81.111,98	0	4.055,60	7.356,00	92.523,58
2015	92.523,58	0	4.626,18	7.356,00	104.505,76
2016	104.505,76	0	5.225,29	7.356,00	117.087,05
2017	117.087,05	0	5.854,35	7.356,00	130.297,40
2018	130.297,40	0	6.514,87	7.356,00	144.168,27
2019	144.168,27	0	7.208,41	7.356,00	158.732,69
2020	158.732,69	0	7.936,63	7.356,00	174.025,32
2021	174.025,32	0	8.701,27	7.356,00	190.082,59
2022	190.082,59	0	9.504,13	7.356,00	206.942,72
2023	206.942,72	0	10.347,14	7.356,00	224.645,85
2024	224.645,85	0	11.232,29	7.356,00	243.234,15

Tabelle 11: Rückstellung unter Anwendung des Teilwertverfahrens

Zeitpunkt	Barwert der Altersrente	Barwert der künftigen Versicherungsprämien	Gegenwartswert
01.01.2010	117.000,67	117.000,67	0
31.12.2010	122.850,71	111.578,60	11.272,11
31.12.2011	128.993,24	105.885,41	23.107,83
31.12.2012	135.442,91	99.907,57	35.535,34
31.12.2013	142.215,05	93.630,84	48.584,21
31.12.2014	149.325,80	87.040,27	62.285,54
31.12.2015	156.792,09	80.120,17	76.671,93
31.12.2016	164.631,70	72.854,06	91.777,64
31.12.2017	172.863,28	65.224,65	107.638,63
31.12.2018	181.506,45	57.213,77	124.292,68
31.12.2019	190.581,77	48.802,35	141.779,42
31.12.2020	200.110,86	39.970,35	160.140,51
31.12.2021	210.116,40	30.696,76	179.419,64
31.12.2022	220.622,22	20.959,48	199.662,74
31.12.2023	231.653,33	10.735,35	220.917,99
31.12.2024	243.236,00	0	243.236,00

Tabelle 12: Entwicklung der Gegenwartswerte (Gegenwartswertverfahren)

Jahr	Anfangs-bestand	Zuführungsbeträge			Endbe-stand
		Aperiodischer Dienstzeit-aufwand	Zinsauf-wand	Periodischer Dienstzeit-aufwand	
2010	0	0	0	11.272,00	11.272,00
2011	11.272,00	0	563,60	11.272,00	23.107,60
2012	23.107,60	0	1.155,38	11.272,00	35.534,98
2013	35.534,98	0	1.776,75	11.272,00	48.583,73
2014	48.583,73	0	2.429,19	11.272,00	62.284,92
2015	62.284,92	0	3.114,25	11.272,00	76.671,16
2016	76.671,16	0	3.833,56	11.272,00	91.776,72
2017	91.776,72	0	4.588,84	11.272,00	107.637,56
2018	107.637,56	0	5.381,88	11.272,00	124.291,43
2019	124.291,43	0	6.214,57	11.272,00	141.778,00
2020	141.778,00	0	7.088,90	11.272,00	160.138,90
2021	160.138,90	0	8.006,95	11.272,00	179.417,85
2022	179.417,85	0	8.970,89	11.272,00	199.660,74
2023	199.660,74	0	9.983,04	11.272,00	220.915,78
2024	220.915,78	0	11.045,79	11.272,00	243.233,57

Tabelle 13: Rückstellung unter der Anwendung des Gegenwartswertverfahrens

Abschlussstichtag	Anteil am Barwert vom 31.12.2024	Diskontierung auf den Stichtag
01.01.2010	40.539,47	19.500,18
31.12.2010	52.701,24	26.617,71
31.12.2011	64.863,01	34.398,24
31.12.2012	77.024,79	42.890,28
31.12.2013	89.186,56	52.145,53
31.12.2014	101.348,33	62.219,08
31.12.2015	113.510,11	73.169,63
31.12.2016	125.671,88	85.059,67
31.12.2017	137.833,65	97.955,80
31.12.2018	149.995,42	111.928,89
31.12.2019	162.157,20	127.054,41
31.12.2020	178.372,89	146.747,82
31.12.2021	194.588,59	168.092,94
31.12.2022	210.804,29	191.205,70
31.12.2023	227.019,99	216.209,51
31.12.2024	243.235,68	243.235,68

Tabelle 14: Entwicklung der Teilansprüche unter Anwendung der PuC Methode

Jahr	Anfangs-bestand	Zuführungsbeträge			Endbestand
		Aperiodi-scher Dienst-zeitaufwand	Zins-aufwand	Periodischer Dienstzeit-aufwand	
2010	0	19.500,18	975,01	6.142,52	26.617,71
2011	26.617,71	0	1.330,89	6.449,65	34.398,24
2012	34.398,24	0	1.719,91	6.772,13	42.890,28
2013	42.890,28	0	2.144,51	7.110,74	52.145,53
2014	52.145,53	0	2.607,28	7.466,27	62.219,08
2015	62.219,08	0	3.110,95	7.839,59	73.169,63
2016	73.169,63	0	3.658,48	8.231,57	85.059,67
2017	85.059,67	0	4.252,98	8.643,14	97.955,80
2018	97.955,80	0	4.897,79	9.075,30	111.928,89
2019	111.928,89	0	5.596,44	9.529,07	127.054,41
2020	127.054,41	0	6.352,72	13.340,69	146.747,82
2021	146.747,82	0	7.337,39	14.007,73	168.092,94
2022	168.092,94	0	8.404,65	14.708,12	191.205,70
2023	191.205,70	0	9.560,29	15.443,52	216.209,51
2024	216.209,51	0	10.810,48	16.215,70	243.235,68

Tabelle 15: Rückstellung unter Anwendung der PuC Methode

Abschlus-sstichtag	Teilwertverfahren	Gegenwarts-wertverfahren	Project unit credit method
31.12.2010	50.035,37	11.272,00	26.617,71
31.12.2011	59.893,14	23.107,60	34.398,24
31.12.2012	70.243,79	35.534,98	42.890,28
31.12.2013	81.111,98	48.583,73	52.145,53
31.12.2014	92.523,58	62.284,92	62.219,08
31.12.2015	104.505,76	76.671,16	73.169,63
31.12.2016	117.087,05	91.776,72	85.059,67
31.12.2017	130.297,40	107.637,56	97.955,80
31.12.2018	144.168,27	124.291,43	111.928,89
31.12.2019	158.732,69	141.778,00	127.054,41
31.12.2020	174.025,32	160.138,90	146.747,82
31.12.2021	190.082,59	179.417,85	168.092,94
31.12.2022	206.942,72	199.660,74	191.205,70
31.12.2023	224.645,85	220.915,78	216.209,51
31.12.2024	243.234,15	243.233,57	243.235,68

Tabelle 16: Gegenüberstellung der Rückstellungsansammlung

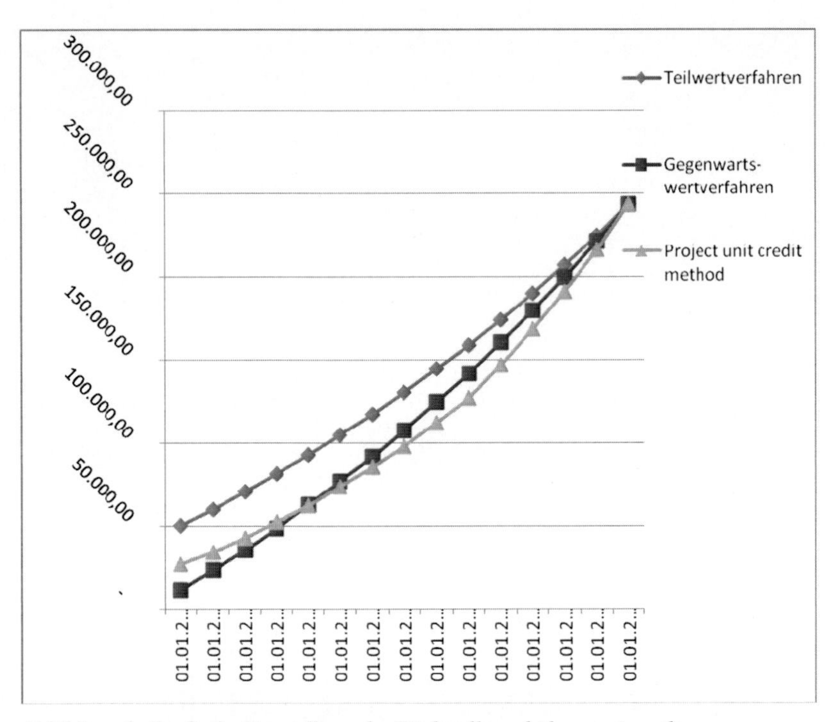

Abbildung 1: Grafische Darstellung der Rückstellungshöhe zum jeweiligen Stichtag unter Anwendung drei unterschiedlicher Bewertungsverfahren.

Literaturverzeichnis

Adler, Hans/ Düring, Walther/ Schmalz, Kurt (1998): Rechnungslegung und Prüfung der Unternehmen, Kommentar zum HGB, AktG, GmbHG, PublG nach den Vorschriften des Bilanzrichtlinien-Gesetzes, Teilband 6, Stuttgart 1998, Kommentierung zu § 249 HGB.

Baetge, Jörg/ Kirsch, Hans-Jürgen/ Thiele, Stefan (2011): Bilanzen, 11 Aufl., Düsseldorf 2011.

Ballwieser, Wolfgang (1995): Zur Frage der Rechtsform-, Konzern- und Branchenunabhängigkeit der Grundsätze ordnungsmäßiger Buchführung, in: Förschle, Gerhart/Kaiser, Klaus/Moxter, Adolf (Hrsg.): Rechenschaft im Wandel, Festschrift für Wolfgang Dieter Budde, München 1995, S. 43–66.

Ballwieser, Wolfgang (2008): Kommentierung zu § 249 HGB, in: Schmidt, Karsten (Hrsg.): Münchener Kommentar zum Handelsgesetzbuch, München 2008.

Beisse, Heinrich (1980): Handelsbilanzrecht in der Rechtsprechung des Bundesfinanzhofs, in: BB, 35. Jg. (1980), S. 637–646.

Beisse, Heinrich (1984): Zum Verhältnis von Bilanzrecht und Betriebswirtschaftslehre, in: StuW, 61. (14.) Jg. (1984), S. 1–14.

Beisse, Heinrich (1988): Die Generalnorm des neuen Bilanzrechts, in: Knobbe-Keuk, Brigitte/Klein, Franz/Moxter, Adolf (Hrsg.): Handelsrecht und Steuerrecht, Festschrift für Georg Döllerer, Düsseldorf 1988, S. 25–44.

Beisse, Heinrich (1990): Rechtsfragen der Gewinnung von GoB, in: BFuP, 42. Jg. (1990), S. 499–514.

Beisse, Heinrich (1990a): Grundsatzfragen der Auslegung des neuen Bilanzrechts, in: BB, 45. Jg. (1990), S. 2007–2012.

Beisse, Heinrich (1996): Zehn Jahre „True and fair view", in: Ballwieser, Wolfgang/ Moxter, Adolf/ Nonnenmacher, Rolf (Hrsg.): Rechnungslegung – Warum und wie, Festschrift für Hermann Clemm, München 1996, S. 27-58.

Beisse, Heinrich (1997): Wandlungen der Grundsätze ordnungsmäßiger Bilanzierung – Hundert Jahre „GoB“, in: Schön, Wolfgang (Hrsg.): Gedenkschrift für Brigitte Knobbe-Keuk, Köln 1997, S. 385–409.

Beisse, Heinrich (1999): Normqualität und Normstruktur von Bilanzvorschriften und Standards, in: BB, 54. Jg. (1999), S. 2180–2186.

Berndt, Thomas (1998): Grundsatze ordnungsmäßiger passiver Rechnungsabgrenzung, Wiesbaden 1998.

Bertram, Klaus (2009): Kommentierung zu § 249 HGB, in: Bertram, Klaus u.a. (Hrsg), Haufe HGB Kommentar, Freiburg 2009.

Binger, Marc (2009): Der Ansatz von Rückstellungen nach HGB und IFRS im Vergleich, Wiesbaden 2009.

BT-Drucksache 16/10067: Drucksache des Deutschen Bundestages 16/10067 vom 30.07.2008: Entwurf eines Gesetzes zur Modernisierung des Bilanzrechts (Bilanzrechtsmodernisierungsgesetz – BilMoG), S. 1–124.

Döllerer, Georg (1959). Grundsätze ordnungsmäßiger Bilanzierung, deren Entstehung und Ermittlung, in: BB, Heft 33 (1959), S.1217-1221.

Doetsch, Peter A. u.a. (2010): Betriebliche Altersversorgung, Ein praktischer Leitfaden, Freiburg 2010.

Eibelshäuser, Manfred (1987): Rückstellungsbildung nach neuem Handelsrecht, in: BB, 42. Jg. (1987), S.860 – 866.

Ellrot, Helmut/ Rihel, Raimund (2010):Kommentierung zu § 249, F. Rückstellungen für Pensionen und ähnliche Verpflichtungen in: Ellrot, Helmut u.a. (Hrsg.): Beck'scher Bilanz-Kommentar, München 2010, S.303-350.

Ernst, Christoph / Naumann, Klaus-Peter (2009): Das neue Bilanzrecht, Düsseldorf 2009.

Euler, Roland (1989): Grundsätze ordnungsmäßiger Gewinnrealisierung, Düsseldorf 1989.

Euler, Roland (1997): Bilanzrechtstheorie und internationale Rechnungslegung, in: Budde, Wolfgang Dieter/Moxter, Adolf/Offerhaus, Klaus (Hrsg.): Handelsbilanzen und Steuerbilanzen, Festschrift für Heinrich Beisse, Düsseldorf 1997, S. 171–188.

Federmann, Rudolf (2010): Bilanzierung nach Handelsrecht, Steuerrecht und IAS/IFRS, Berlin 2010.

Feld, Klaus-Peter (2003): Die Bilanzierung von Pensionsrückstellungen nach HGB und IAS, in: WPg, Jg. 56 (2003), S.573-586 (Teil 1), S.638-648 (Teil 2).

Förschle, Gerhart/ Klein, Hans-Georg (1987): Zur handelsrechtlichen Bilanzierung und Bewertung der betrieblichen Altersversorgungsverpflichtungen, in: DB 40. Jg. (1987) S.341.

Gelhausen, Hans Friedrich/ Fey, Gerd/ Kämpfer, Georg (2009): Kommentar zu §253 HGB, Bewertung von Schulden, in: Rechnungslegung und Prüfung nach dem Bilanzrechtsmodernisierungsgesetz, Düsseldorf 2009.

Höfer, Reinhold/ Früh, Hans-Georg/ Neumeier, Günter (2010): Bewertungsparameter für Versorgungszusagen im internationalen und deutschen Jahresabschluss 2010/2011, in: DB, Heft 46 (2010), S.2518-2520.

Hommel, Michael (1992): Grundsätze ordnungsmäßiger Bilanzierung für Dauerschuldverhältnisse, Wiesbaden 1992.

Kaiser, Stephan (2008): Rückstellungsbilanzierung, Wiesbaden 2008.

Kozikowski, Michael/ Schubert,Wolfgang J. (2010): Kommentierung zu § 249 Rückstellungen, in: Ellrot, Helmut u.a. (Hrsg.): Beck'scher Bilanz-Kommentar, München 2010, S.240-302.

Küting, Karlheinz/ Kessler, Harald/ Keßler, Marco (2008): Bilanzierung von Pensionsverpflichtungen, in: Küting, Karlheinz/ Pfitzer, Norbert/ Weber, Claus-peter (Hrsg.), Das neue deutsche Bilanzrecht, Stuttgart 2008, S.341-367.

Laupenmühlen, Michael/ Löw, Edgar/ Kusterle, Birte (2002): Bilanzierung betrieblicher Altersversorgungsleistungen und kongruenter Rückdeckungsversicherungen, in: KoR Heft Nr. 6/2002, S.288 – 295.

Leffson, Ulrich (1987). Die Grundsätze ordnungsmäßiger Buchführung, Düsseldorf 1987.

Meier, Karin (2009): Bilanzierung betrieblicher Versorgungsverpflichtungen nach dem BilMoG, in: BB (2009), S.998-1001.

Moxter, Adolf (1982): Bilanzierung nach der Rechtsprechung des Bundesfinanzhofs. Tübingen 1982.

Moxter, Adolf (1983): Wirtschaftliche Gewinnermittlung und Bilanzsteuerrecht, in: StuW, 60. (13.) Jg. (1983), S. 300–307.

Moxter, Adolf (1984): Bilanzlehre, Band I, Einführung in die Bilanztheorie, 3. Aufl., Wiesbaden 1984.

Moxter, Adolf (1984a): Das Realisationsprinzip – 1884 und heute, in: BB, 39. Jg. (1984), S. 1780–1786.

Moxter, Adolf (1984b): Fremdkapitalbewertung nachneuem Bilanzrecht, in: WPg, 37. Jg. (1984), S.397 – 408.

Moxter, Adolf (1986): Ulrich Leffson und die Bilanzrechtsprechung, in: WPg, 39. Jg. (1986), S. 173–177.

Moxter, Adolf (1987): Zum Sinn und Zweck des handelsrechtlichen Jahresabschlusses nach neuem Recht, in: Havermann, Hans (Hrsg.): Bilanz- und Konzernrecht, Festschrift für Reinhard Goerdeler, Düsseldorf 1987, S.361–374.

Moxter, Adolf (1988): Periodengerechte Gewinnermittlung und Bilanz im Rechtssinne, in: Knobbe-Keuk, Brigitte/Klein, Franz/Moxter, Adolf (Hrsg.): Handelsrecht und Steuerrecht, Festschrift für Georg Döllerer, Düsseldorf 1988, S. 447–458.

Moxter, Adolf (1989): Zur wirtschaftlichen Betrachtungsweise im Bilanzrecht, in: StuW, 66. (19.) Jg. (1989), S. 232–241.

Moxter, Adolf (1989a): Rückstellungen für ungewisse Verbindlichkeiten und Höchstwertprinzip, in: BB, Heft 14/1989, S.945-949.

Moxter, Adolf (1995): Zum Verhältnis von handelsrechtlichen Grundsätzen ordnungsmäßiger Bilanzierung und True-and-fair-view-Gebot bei Kapitalgesellschaften, in: Förschle, Gerhart/Kaiser, Klaus/Moxter, Adolf (Hrsg.): Rechenschaftslegung im Wandel, Festschrift für Wolfgang Dieter Budde, München 1995, S. 419–429.

Moxter, Adolf (1996): Entziehbarer Gewinn?, in: Ballwieser, Wolfgang/ Moxter, Adolf/ Nonnenmacher, Rolf (Hrsg.): Rechnungslegung – Warum und wie, Festschrift für Hermann Clemm, München 1996, S.231 – 241.

Moxter, Adolf (1999): Bilanzrechtsprechung, 5. Aufl., Tübingen 1999.

Moxter, Adolf (2003): Grundsätze ordnungsgemäßer Rechnungslegung, Düsseldorf 2003.

Planert, Susanne (2006): Bilanzierung von Pensionsverpflichtungen, Wiesbaden 2006.

Rüdinger, Andreas (2004): Regelungsschärfe bei Rückstellungen, Wiesbaden 2004.

Thaut, Michael (2009): Auswirkungen des Bilanzrechtsmodernisierungsgesetzes auf die Bilanzierung und Bewertung von Pensionsverpflichtungen in der Handelsbilanz unter besonderer Berücksichtigung des 15-jährigen Übergangszeitraums, in. WPg 14/2009 S.723-732.

Thoms-Meyer, Dirk (1996): Grundsätze ordnungsmäßiger Bilanzierung für Pensionsrückstellungen, Düsseldorf 1996.

Thurnes, Georg/ Hainz, Günter (2009): Auswirkungen des Bilanzrechtsmodernisierungsgesetzes auf Pensionsrückstellungen, in: BC (2009) S. 212-216.

Thurnes, Georg/ Vavra, Rainer/ Geilkothen, André (2010): Betriebliche Altersversorgung im Jahresabschluss nach internationalen und internationalen Bilanzierungsgrundsätzen, in: DB, Heft Nr. 50/51 (2010), S.2737-2741.

Tonne, Knut (2009): Rechnungslegung für Pensionsverpflichtungen nach IFRS (IAS 19), Anwendungsprobleme und Lösungsansätze, Düsseldorf 2009.

Weinand, Martin/ Oldewurtel, Christopf/ Wolz, Mathias (2011): Rückstellungen nach BilMoG, in: KoR Nr.3 (2011) S.161-166.

Rechtsprechungsverzeichnis

Gericht	Aktenzeichen	Fundstelle
BFH Urteil, 31.05.1967	I 208/63	BStBl. III 1967, S. 607
BFH Urteil, 03.02.1969	GrS 2/68	BStBl. II 1969, S. 291
BFH Urteil, 27.04.1965	1 324/62 S	BFHE 82, S. 445, BStBl. Ill 1965, S. 409
BFH-Urteil, 17.07.1980	IV R 10/76	BFHE 133 S.363, BStBl. II 1981 S.669
BFH-Urteil, 01.08.1984	1 R 88/80	BFHE 142, S. 226, BStBl. II 1985, S. 44
BFH-Urteil 24.04.1968	I R 50/67	BStBl. II 1968, S. 544-545
BFH-Urteil 12.12.1990	I R 18/89	BStBl. II 1991, S.485-488
BFH-Urteil 25.03.1992	I R 69/91	hier S. 1012
BFH-Urteil 13.11.1991	I R 78/89	BStBl. II 1992, S. 177-179
BFH-Urteil 25.08.1989	III R 95/87	BFHE 158, S.58, BStBl. II 893

Gesetzes- und Regelwerksverzeichnis

HGB: Handelsgesetzbuch vom 10.05.1897 (BGBl. S. 219), zuletzt geändert durch Art. 6a G zur Neuregelung der Rechtsverhältnisse bei Schuldverschreibungen aus Gesamtemissionen und zur verbesserten Durchsetzbarkeit von Ansprüchen aus Falschberatung vom 31.07.2009 (BGBl. I S. 2512).

BetrAVG: Gesetz zur Verbesserung der betrieblichen Altersversorgung vom 19.12.1974 (BGBl.I S. 3610), zuletzt geändert durch Art. 39 des Gesetzes vom 09.12.2004 (BGBl. I S.3242), Rechtsstand 01.07.2005.

BGB: Bürgerliches Gesetzbuch - in der Fassung der Bekanntmachung vom 02.01.2002 (BGBl.I S. 42, ber. S. 2909, 2003 S. 738), zuletzt geändert durch Gesetz v, 07.07.2005 (BGBl.IS. 1970)m. W. V. 13.07.2005.

EStG: Einkommensteuergesetz in der Fassung der Bekanntmachung vom 08.10.2009 (BGBl. I S. 3366), zuletzt geändert durch Art. 1 G zur Umsetzung steuerlicher EU-Vorgaben sowie zur Änderung steuerlicher Vorschriften vom 08.04.2010 (BGBl. I S. 386).

Verlautbarungen von Standardisierungsgremien

IDW: IDW Stellungnahme zur Rechnungslegung: Handelsrechtliche Bilanzierung von Altersversorgungsverpflichtungen (IDW RS HFA 30), IDW-Fachnachrichten, Heft 10/2010, S. 437-451.